Manifeste pour une vie dédiée au travail

Éditions Kiwi
16, rue de Lancry, 75010 Paris

Directeur : Édouard Frison-Roche
Directrice éditoriale : Katia Kaloun
Édition : Alix Putavy
Direction artistique et mise en pages : Charlotte Thomas

ISBN : 978-2-37883-134-9

Walter Laouadi

Manifeste pour une vie dédiée au travail

Parce que votre patron le vaut bien !

KiWi

Ma reconnaissance éternelle s'adresse
à tous mes ex-patrons, ex-managers et Jeff Bezos.

Je remercie également mon fils, ma femme
et ma famille.

Sans oublier quelques amis qui, malgré leur manque d'investissement professionnel, restent les seules personnes que j'apprécie en dehors de mes collègues.

sommaire

Qui suis-je, moi,
Walter Laouadi ?

Certains me surnomment « le PPL ». Le Petit Prince de LinkedIn. Depuis cinq ans, je distille des conseils de vie et des histoires inspirantes qui séduisent cette communauté ô combien humble et bienveillante. Elle m'identifie désormais comme l'un de ses gourous, l'un de ses mentors. L'un de ses héros.

Mais appelez-moi Walter. Parce que, oui, c'est mon vrai prénom. C'est un *first name* qui me différencie, car très disruptif. Du genre de ceux qui réussissent. Comme Walter Cronkite, Walter Scott (le meilleur de ses frères), ou encore Walter Kingsley. À à peine 30 ans, je me suis déjà installé comme l'un des plus célèbres êtres humains portant ce prénom (Walt Disney et son diminutif ne comptent pas).

Comment ai-je fait ? J'ai travaillé mes cours et enrichi mes connaissances. Comme n'importe qui. Mais j'ai surtout, par la suite, appris à adapter mon comportement de façon à ce que rien ne me résiste. J'ai réussi à faire de tous les *open spaces* du monde de véritables cours de récréation dans lesquelles la ruse, l'inventivité et l'intelligence situationnelle ont été les clés essentielles de mon succès.

Attention. Je ne suis pas un *motivational coach*. D'une part, parce que, moi, j'ai un vrai travail. Et d'autre part, parce que, contrairement à ce type d'individus, j'ai l'ambition d'écrire un livre qui a du sens pour celui qui le parcourt. L'univers du bureau n'est qu'un endroit parmi tant d'autres dans lequel mon profil de *winner* s'illustre au jour le jour. D'ailleurs, j'espère sincèrement que vous ne lirez pas cette magnifique œuvre littéraire avachi sur votre *desk*, parce que c'est toute votre rentabilité qui va s'en trouver affectée. Et ça… ça rendrait l'ouvrage presque contre-productif. Parce que, oui, je respecte le travail. Mieux que ça : je l'aime !

J'aime l'effort et la reconnaissance de mes supérieurs. J'aime le dépassement de soi et les *mindsets* complètement *out of the box*. J'aime trouver une solution à laquelle personne n'a pensé auparavant. Que ce soit dans votre *workflow* ou dans votre vie personnelle, voici quelques savantes astuces que je dépose généreusement entre vos mains. Votre vie va changer d'une seconde à l'autre, exactement comme quand vous avez enfin distingué le C dans le logo de Carrefour.

Ce livre, embrassez-le avec le même amour qu'un raccourci clavier. Parce que je vais vous faire gagner du temps. Et par conséquent, de l'argent. Plus jeune, j'aurais adoré tomber sur des paragraphes comme ceux qui attendent de se dévoiler à vous dans les pages suivantes. Je dirais même que j'aurais adoré tomber sur un mec comme moi. Ça scintille à toutes les lignes, comme la tour Eiffel en temps normal. Un tel monument avec des LED contrôlées par une maire socialiste, c'est d'une tristesse… (Ça n'a pas forcément de rapport, mais il fallait que je le dise.)

Comme tout *onboarding* qui se respecte, je vous souhaite la bienvenue dans cette nouvelle aventure. Je ne peux pas vous offrir à tous un mug et un Moleskine, mais à travers mes expériences et mes *tips*, le cadeau que je vous propose est bien plus grand : vous allez enfin faire décoller votre carrière et atteindre tous les objectifs que vous n'osez pas encore vous fixer.

À dispo pour *exchange*.

Cordialement,

Walter Laouadi

Faut-il être raciste ou sexiste ?

Avant tout, sachez que « ou les deux » n'est pas une option. Le racisme, c'est comme la connexion 56 k : c'était sympa, c'était dans son jus, mais aujourd'hui, c'est dépassé. Faut vraiment être un écervelé pour croire qu'un taux de mélanine peut définir les compétences, l'intelligence ou la capacité d'un de vos collègues à obtenir un poste à votre place. Si tel est le cas, changez votre *mind-set* et adoptez le suivant : il faut absolument vous méfier de TOUS les gens qui travaillent autour de vous.

Idem pour le sexisme, c'est du pile ou face. Vous avez une chance sur deux d'être du mauvais côté de la non-égalité des salaires. Alors méfiez-vous, les garçons (ou assignés comme), car garçon, quand t'enlèves la cédille... Petite parenthèse : où est Koxie ? Que devient-elle ? Plus jeune, j'ai eu un *crush* pour cette chanteuse émérite digne représentante du « rap chic », comme elle aimait l'appeler. Et qui, si je dois le rappeler, s'était fait valider par Soprano des Psy4 de la Rime, aujourd'hui plus connu sous le nom de « Soprano de TF1 »...

Depuis, j'ai toujours eu une passion pour les femmes qui savaient tenir le verbe haut à leurs collègues masculins : Marianne James, Valérie Karsenti, Félindra tête de tigre ou encore Armande Altaï, j'avais tous vos posters[1].

1. Benchmark non exhaustif et soumis à conditions entendues avec mon attachée de presse et les avocats des parties désignées.

Revenons à nos moutons de Panurge. Je vais vous demander de réaliser un petit exercice. Pensez quelques secondes à votre pire collègue. Son rire insupportable. Son incompétence. Sa façon de dire « naaan, mais laisse tomber, je suis sous l'eau, là ». Sa rigueur presque militaire qui semble l'obliger à partir du bureau à 18 h 29. Ses *skills* oppressants pour placer la photo de son enfant la bouche pleine de bave dans votre champ de vision. C'est bon, vous l'avez ?

Miracle de l'être humain et des mathématiques : il y a 50 % de chances que vous pensiez à un homme. Et une chance sur deux pour que vous pensiez à une femme. Pensiez-vous vraiment qu'une paire d'ovaires ou un corps caverneux soit la raison de sa détestabilité ? Que tout n'est qu'une question de gamètes ? (Celle-là, elle est pour vous, monsieur Chaffard, professeur de SVT en terminale. J'ai réutilisé le mot « gamète » une fois dans ma vie, vous aviez raison.)

Si vous avez répondu « oui » à l'une des deux dernières questions, alors c'est vous, le problème.

Il faut comprendre une chose : à chaque entretien d'embauche, vous êtes en compétition avec des gens non seulement de toutes les couleurs, mais également de tous les sexes ! Des hommes et des femmes. Et plus encore. Ouh là, on commence à marcher sur un fil, mais ne vous en faites pas, j'ai fait un stage de funambulisme lors de mon passage (remarqué) au Club Mickey de Châtelaillon-Plage en juillet 1998. Le soir même, la France remportait la Coupe du monde de football. Hasard ? Bien sûr que non. Mais enlevez donc la tonsure de Zinédine Zidane de votre esprit et reparlons plutôt de vos concurrents dans la grande bataille de l'emploi.

Chers lecteurs, nous ne nous attarderons donc pas sur la description des dizaines d'identités sexuelles que nous sommes en droit de nous attribuer ; il y en a presque autant que de start-up en échec dans la Station F.

Mais laissez-moi vous parler d'un de mes collègues incroyables. Je l'admirais parce qu'il avait réussi à se faire embaucher en se présentant comme souffrant de troubles dissociatifs de l'identité. En gros, il avait six autres personnalités. Bon, d'après lui, ce n'était pas énorme parce que, sur TikTok, une fille disait en avoir vingt-trois. En théorie, et selon les Freud 4.0, être atteint de TDI, ce n'est vraiment pas quelque chose de facile à vivre et je ne le souhaite qu'à mon pire ennemi. Mais alors, en tant que collègue, c'est un spectacle digne d'une salle IMAX à 25 euros la séance.

C'était super simple. S'il avait réussi sa journée, c'était Ryan. S'il avait foiré un contrat, c'était Greg. S'il avait été un peu lourd avec la fille qui était à l'accueil, c'était Marc. Et le meilleur, là où il nous avait tous bluffés, c'est que, à chaque retard, il s'excusait en tant que Johanna. Et passait son temps à se plaindre des tampons pas remboursés par la Sécurité Sociale (il est difficile de lui donner tort, en soi) et des dangers d'être une femme seule le soir dans les rues de Poitiers. Pour l'anecdote, il faisait presque deux mètres dix. Et la seule fois où je l'ai vu se faire agresser, c'était par un bus. Non pas par le chauffeur, mais par le bus lui-même (à qui Ryan-Joanna avait grillé la priorité).

Les trois autres personnalités étaient plutôt sympas. Même si Boris était kleptomane, Ahmed avait l'alcool mauvais et Julian était plutôt très sympathisant des théories d'extrême droite. Il y avait forcément un petit conflit d'intérêts interne à la période des élections. Mais ça faisait aussi tout son-leur charme, à Ryan & Co. Parfois, je repense à lui-eux. Et je me demande si Ryan touchait plus d'argent que moi du fait de ses multiples vies à gérer. Ryan, si tu me lis, écrivez-moi.

Le racisme et le sexisme n'ont pas de sens. Ils n'en ont jamais eu. Et n'en auront jamais. Parce qu'un pays, c'est comme une grande entreprise. On se bat tous, qui que l'on soit, pour avoir le même poste. Il est là, le vrai pied d'égalité des chances. De fraternité professionnelle. Et de liberté de travail.

Battons-nous les uns les autres. Mais ensemble.

Faut-il être pour ou contre le tatouage ?

Je ne sais pas si vous avez remarqué mais, aujourd'hui, le tatouage est rentré dans les épidermes et les mœurs de nos concitoyens. C'est bien simple, selon un sondage sans trucage réalisé par mon ex-petite amie, à présent, 67 % des Français possèdent *a minima* une inscription à l'encre sur la peau. Si le phénomène semble être assez récent, les historiens, bien soutenus par Wikipédia, avancent que le tatouage est une tradition qui remonte aux origines de l'homme.

Pour les croyants, en gros, c'est comme si Adam avait ramassé une petite seringue qui traînait dans le jardin d'Eden. Qu'il avait écrasé une sèche. En avait extrait l'encre pour l'insérer dans la Sainte-Piqûre. Pour ensuite tapoter frénétiquement avec cette dernière sur la peau d'Ève, sa colocataire. Le message inscrit dans la peau de la jeune femme ? Stéphane Bern et Jamy Gourmaud se battent à ce sujet. Une pomme traversée d'un serpent ? Un « *Only God Can Judge Me* » ? La question est toujours en suspens.

Pour les non-croyants, c'est comme si un *Homo sapiens* avait tout d'un coup décidé de raconter un pan entier de son histoire sur son avant-bras (histoire relative quand on sait qu'ils avaient une moyenne d'âge de 23 ans). D'accord. Donc plutôt que d'apprendre à monter un business, ils se coloraient la peau, les potes de Lucie. Ce n'est jamais que du temps perdu, selon moi. S'ils n'avaient pas tenté de poser les bases de la mode du « tribal tat » pendant un demi-siècle, peut-être qu'on aurait 50 ans d'avance aujourd'hui. Comme quoi, l'histoire ne cesse de nous prouver que, le temps, c'est… du temps.

Puisqu'on est à la limite du livre interactif, laissez-moi vous poser une petite question : êtes-vous seulement entré une fois dans un salon de tatouage ? J'en ai malheureusement fait l'expérience pour accompagner un ami qui voulait se faire tatouer le nom de son enfant sur le poignet. En voilà un qui sera condamné à porter des chemises à manches longues durant le restant de sa carrière (donc normalement de ses jours).

Alors, premier constat : le look des « professionnels du tatouage ». Ils ont eu raison de persévérer dans le domaine de l'*ink* parce que, sans rire, qui embaucherait ces gens, si ce n'est eux-mêmes ? Mon Dieu. Entre les jeans troués, les cheveux longs et gras, et surtout l'élargissement du lobe de l'oreille à travers lequel on peut apercevoir une salle de torture, ils sont bons pour tout sauf pour passer un entretien, ces jeunes gens. D'ailleurs, pour toujours plus d'interactivité : connaissez-vous un tatoueur de plus de 50 ans ? Ils ont un régime de retraite particulier pour ne jamais bosser après la cinquantaine ? Ce sont des intermittents du spectacle, c'est ça ? Ou alors une société secrète commanditée par Pôle Emploi s'occupe de les faire disparaître le jour de leur quarante-neuvième anniversaire ? Si quelqu'un connaît la réponse à cette question, qu'il me contacte. Et vite.

Mon ami s'installe sur un fauteuil de dentiste. Déjà, il devient blême. Comme si on allait lui retirer une partie de la vésicule biliaire et qu'il venait juste de l'apprendre. Or, jusqu'à preuve du contraire, c'est bien lui qui a spammé nos conversations WhatsApp en envoyant les inspirations typographiques de son futur « tattoo ». On dirait qu'il regrette, maintenant. Lui qui aime la zénitude et l'isolation sonore de ses oreillettes Bluetooth, il a dû être surpris quand il a entendu la giga aiguille du tatoueur s'activer. *BzzZZZZZZZZZ*. C'est parti pour un bourdonnement assourdissant d'environ 1 h 30, tout ça pour écrire « N.A.T.E.O. » sur un bout de peau. Il souffre, il pleure, il manque de s'évanouir lors du tracé du « A ». Mais il va jusqu'au bout de son délire encré. Ce qui est beau, c'est que, avant même la première pose de Bepanthen, il pense évidemment à poster une nouvelle story, qu'il saupoudre d'un « #InkFinisher ». Et ce qui est encore plus beau, c'est que, après avoir dépensé la modique somme de 320 euros (16 jours de salaire de stagiaire), il repart avec de la cellophane autour du bras. Exactement comme ce vieux bout de jambon dans le frigo qu'on ne regarde plus.

Une fois rentré chez lui, mon ami s'empresse de montrer cette écriture désormais éternelle à son jeune fils. Qui répond à cette marque d'affection en vomissant sur les dernières Reebok de son papa. Faudrait peut-être vérifier si c'est bien mon pote le père parce que, manifestement, le petit, il a du goût, lui.

C'est l'heure de prendre une petite calculette mentale, parce que la journée commence à facturer. Dans le panier, on a donc :

- un tatouage à 320 euros ;
- une paire de chaussures à 190 euros ruinée par la régurgitation de son chérubin ;
- une petite pommade à 19 euros censée soulager la cicatrisation (où qu'elle soit).
- un drap à 8 euros à racheter le lendemain parce que l'encre a « transpiré », selon ses termes de néoexpert. (Si elle transpire de la même manière que ma N-1 le vendredi soir à 19 h 30 quand il faut envoyer tous les *reportings*, effectivement, le linge de maison est absolument foutu.)

Bref, ça nous fait un total de cinq lettres à 537 euros, quand même.

Nous ne sommes pas dans *Des chiffres et des lettres*, mais je ne peux m'empêcher de préciser que c'est un investissement à 107,40 euros la consonne (ou voyelle, c'était le même prix). C'est à ce moment-là que l'on repense à sa volonté première de nommer son héritier avec un nom composé. Quelle économie !

Lorsque je me couche ce soir-là, je me sens heureux de n'avoir pas de tatouage, pas d'enfants (à l'époque). Et, par conséquent, plein d'argent. J'en viens même à cette conclusion : pour réussir financièrement dans la vie, il vaut mieux être tatoueur que tatoué.

Et ça vaut aussi pour les chiens.

Faut-il voter à gauche ou à droite ?

Sur les conseils de mon éditrice, il est préférable que je ne parle pas de politique dans ce livre. Mais bon, vous me connaissez, je suis tellement *out of the box* que, tadaaa, me voilà.

À l'inverse du vice-champion du monde monsieur Raymond Domenech, je ne crois pas en l'astrologie. Mais j'ai moi aussi quelques dons pour ressentir les choses qui relèvent du domaine de l'inexplicable. Voici un petit exemple. Je devine que… que… que qui que vous soyez, vous pensez que Walter Laouadi est de droite. Et vous avez presque tort. Presque.

Quand j'étais très jeune, j'étais de gauche. J'étais socialiste. Rien que lire ce mot me fait mal aux yeux et j'espère que vous avez un peu de sérum physiologique pas loin de vous pour vous nettoyer les globes oculaires. Oui, j'étais socialiste. Parce que j'étais innocent et que je croyais en la solidarité humaine. Bon, si je dois être transparent, je croyais également au Père Noël. Le verdict ? Ni l'un ni l'autre n'aura tenu sur la distance. Et ce, malgré les efforts incroyables de mon tonton Lulu qui prenait véritablement à cœur son rôle de Papa Noël. Chaque 24 décembre, il ressortait son costume rouge et blanc du placard. Il poudrait sa grosse barbe de farine. Et il enfilait deux belles bottes de cuir noir pour parfaire son exceptionnelle tenue. Il offrait des cadeaux à tous mes cousins, mais je pense que j'étais son préféré. Parce qu'il avait toujours un ou deux sucres d'orge cachés dans son pantalon juste pour moi. Et je ne devais en parler à personne ! Tonton, si tu me lis, dès que tu reviens de « là-où-t'es », tu m'écris. Promis ?

Depuis, j'ai grandi et je me suis fait une raison. Le Père Noël est un fantasme. Et la gauche aussi. Mais je souhaite aller plus loin que ce simple constat qu'un détenteur du brevet des collèges pourrait réaliser. En effet, mon expérience d'adulte me fait dire que la droite est également une utopie. Parce que je n'ai jamais eu aussi peu d'argent que depuis que j'en ai beaucoup. Vous pouvez respirer un grand coup et relire cette phrase maintes et maintes fois, elle ne vous surprendra que si vous êtes géographiquement situés bien loin de ma tranche d'imposition !

Je souhaite que les idées de mon livre se diffusent dans toutes les sphères de la société, à l'image de la Bible ou d'un bon Marc Levy. Donc je ne peux pas ignorer les extrêmes qui représentent aujourd'hui près de 45 % de l'électorat de notre pays. Le seul problème des extrêmes, c'est qu'ils sont peuplés d'extrémistes. Alors, en soi, l'extrémisme… moi je dis pourquoi pas. Toujours aller plus loin, se dépasser, ça fait partie de mes valeurs. Mais uniquement quand ça *drive* vers le haut ! Alors que, chez les extrêmes, ça va soit vers la gauche, soit vers la droite. La seule chose qu'ils peuvent faire, c'est donc tourner en rond. Or, moi, j'avance.

Cette dernière phrase digne d'un Paulo Coelho ou d'un Nekfeu achève, je l'espère, votre conversion au Walterisme. Très bien. Alors, en tant que guide (que je suis désormais), je vais me fendre d'un conseil de vote utile. Ou d'un conseil utile de vote.

Lorsque je me présente au gymnase ou à l'établissement réquisitionné pour le scrutin, je suis serein. Je passe devant les petits papiers des candidats et les sélectionne tous, car je ne souhaite pas donner d'indice concernant mon orientation politique au gouvernement (tristement représenté par la petite mamie qui vient surveiller le bon déroulement des opérations en ce dimanche matin. Qu'a-t-elle fait de sa vie ? De quel côté de la ligne Maginot était-elle ? Nous n'en savons rien. Pour autant, elle se permet de contrôler mon identité. France, où vas-tu ?). Une fois le rideau de l'isoloir tiré, me voilà seul avec ma très développée conscience électorale. Je sais que ce vote aura une portée retentissante sur l'avenir de mon pays. D'une part, parce que c'est le principe de la démocratie. Un citoyen = une voix. Et d'autre part, parce que, avec des taux d'abstention proche de 78 % dans certains bleds, ma voix vaut presque cinq fois celle d'un mec qui a préféré regarder *Téléfoot* ce matin. Ma vision politique, c'est lui qui va la subir. C'est donc moi qui décide pour lui. C'est déjà ça, le pouvoir.

De ma poche, j'extrais un papier blanc et un stylo. Et sur mon bulletin, bientôt dépouillé par « Mamie-j'ai-ptet-embrassé-Friedrich-ou-Heinz-à-la-fin-d'un-bal-en-1943-mais-bon-y-a-prescription », j'y inscris mon nom.

Oui, vous m'avez bien lu. J'inscris mon nom sur le bulletin et, de ce fait, j'arrête d'adopter une position victimaire. Je me désigne, moi, Walter, comme la meilleure solution à tous mes problèmes. Je veux être celui qui prend ma propre vie en main. Et par ce geste hautement symbolique, j'en avertis tous mes concitoyens. Je compte sur moi. Je ne me repose sur personne d'autre. Et je les invite à en faire autant.

Imaginez seulement : un monde où chaque citoyen déciderait de son propre chemin et tiendrait les rênes de sa vie. Comme le disait Thierry Henry : « Je suis le maître de mon destin, je suis le capitaine de mon âme. » Au fond, n'est-ce pas un slogan politique diablement efficace ?

P.-S. : à déposer aujourd'hui et à ressortir, quand je me présenterai en 2032 pour l'élection municipale ou présidentielle.

Faut-il être en couple ou célibataire ?

L'amour est-il rentable ? Une sacrée question, et tout le monde semble d'accord pour déclarer de prime abord que non. Mais munissez-vous d'une petite pelle parce que nous allons ensemble creuser le sujet. Ou le déterrer.

Vaut-il mieux vivre seul et atteindre ses objectifs ou tenter l'aventure de l'amour ? Il faut dire que cette dernière nous est vendue depuis la nuit des temps comme une obligation, un gage de réussite. Et ce, depuis notre plus tendre enfance. En effet, connaissez-vous un seul film pour enfants dans lequel le héros est célibataire à 55 ans ? Eh non, ils finissent tous en mode Disney+ & chill avec leur copine, à peine fatigués de s'être battus contre la Terre entière pendant 1 h 30 de pellicule. En me replongeant dans certains dessins animés iconiques, je me suis même rendu compte que, bien souvent, le célibataire était le méchant du film. Jafar, Gaston, Frollo... Trio non exhaustif dont les membres ont pour point commun de s'être fait recaler par l'héroïne comme un stagiaire qui vient voir la RH pour en savoir plus sur le CDI qu'on lui avait « promis ».

Donc, un célib' n'est pas un personnage neutre dans l'esprit des plus jeunes. C'est même l'anti-héros. Le moche. Le bossu. L'idiot. Voire la personne qui porte une petite barbichette. *No way*.

J'ai de fait longtemps pensé que l'amour constituait un risque. Principalement de déconcentration.

Comment voulez-vous prendre au sérieux un membre de votre équipe qui passe son temps à trépigner d'impatience et à sourire avec béatitude à la réception d'un SMS ? Et le pire, c'est qu'il ou elle pense qu'on ne le voit pas. L'amour ne rend pas forcément aveugle, mais certains croient que ça les rend invisibles.

Ma réticence était à la hauteur de mon célibat. Puis, un jour, l'amour m'est tombé dessus. C'est marrant, cette expression, « tombé dessus ». Pour certains, ce n'est qu'une mauvaise traduction de l'anglais « *to fall in love* ». Dans mon cas, c'est une litote.

26 août 2015. Léa me fracasse littéralement une côte flottante en me rentrant dedans avec sa trottinette électrique devant Cojean. À nouveau, « avoir le souffle coupé » n'est pas qu'une simple expression pour moi. Prise de remords et dévastée par cet accident dont elle est à 100 % responsable, elle se propose de m'accompagner à l'hôpital. Estomaqué par sa beauté et dans l'incapacité de me mouvoir sans assistance, j'accepte.

Comment ai-je compris que je faisais face à une femme pleine d'ambition et de ressources ? Quand elle a refusé d'appeler une ambulance et a insisté pour m'y emmener sur sa trottinette. Pourquoi ? « Parce que j'assume seule mes erreurs et je n'ai besoin de personne pour me dire où je dois aller. » Wow. Si seulement j'étais en capacité physique de le faire, j'aurais applaudi des deux mains ! Le trajet jusqu'aux urgences s'est ancré dans ma mémoire comme une douce balade.

Le soleil du printemps réchauffe nos visages. Paris semble être un parc urbain vide de tous les véhicules et de leurs moteurs bruyants (pour une fois, merci Anne Hidalgo !). Nous filons à 28 km/h dans les artères de la capitale, expression qui prend tout son sens quand on voit la quantité de sang que je perds au niveau du cou.

Nous arrivâmes à l'hôpital. L'utilisation du passé simple, c'est vraiment la Rolex de la littérature. Ça ne coûte rien (de l'apprendre) et ça impressionne tout son monde quand on l'emploie. Mais pour des questions de rythme enlevé et de non-respect de la concordance des temps, je poursuis mon récit au présent.

Dans les couloirs de la Salpêtrière, j'attends. Je vois, à seulement quelques mètres de moi, Léa s'emporter contre le personnel à l'accueil. J'enlève mes écouteurs me distillant du FIP dans les oreilles (parce que, paraît-il, la musique adoucit la douleur) et regarde, souffrant mais amusé, ma belle ange gardienne se démener pour que je sois pris en charge plus rapidement. Ça, c'est ce que je croyais. La suite, je la situe historiquement comme la minute à laquelle l'amour m'a choisi comme son nouveau porte-parole.

Dame de l'accueil : Écoutez, madame, calmez-vous !

Léa : Mais c'est absolument dingue. Je suis française, je paie mes impôts. C'est donc ça, l'hôpital public ?

Dame de l'accueil : Madame, vous nous insultez alors que nous vous expliquons que c'est tout bonnement impossible d'accéder à votre demande et...

Léa : Mais vous comprenez ce que ça représente pour moi ?

Wow. Elle se bat, ma tigresse ! Depuis mon siège, je suis un peu gêné. Certes, j'ai mal. Mais je suis conscient. J'arrive à respirer, avec difficulté, tout de même, alors que le vieux à côté de moi commence à expulser des crachats dont la couleur me donne envie de contacter le compte Twitter de Pantone pour savoir s'ils ne l'ont pas dans leur catalogue, celle-là. Dans un ordre de priorité quasi-droit-de-lhommiste, je suis censé laisser la priorité au bloc opératoire à cette personne âgée productrice de nouvelles teintes. Mais apparemment, Léa la fougueuse en a décidé autrement.

Dame de l'accueil : MAIS C'EST IMPOSSIBLE !

Léa : APPELEZ-MOI VOTRE DIRECTEUR !

Quand on commence à vouloir faire descendre un manager, ça me rend tout chose. J'aime cette femme. Je veux lui donner mon cœur, mes accès Microsoft Office. Je veux tout lui donner.

DAME DE L'ACCUEIL : Écoutez, on va tous reprendre nos espr...

LÉA : MAIS JE VEUX JUSTE UN CODE WIFI. ÇA FAIT BIENTÔT UNE HEURE ET DEMIE QUE JE SUIS PAS SUR SLACK ! ET MON ÉQUIPE, JE LA GÈRE COMMENT ?

Ah. Ce n'était pas pour moi, qu'elle s'énervait. Et vous savez quoi ? Je n'en suis que plus heureux. En moins de 30 secondes, je l'ai entendue présenter à tout le service hospitalier et à moi, son discret et sanguinolent admirateur, la priorité de ses priorités. Son travail. Son business. J'ai envie de lui parler, de lui dire que je veux faire de mon cœur son *home office*. Mais avant même que je puisse ouvrir la bouche, elle se met à courir vers moi.

LÉA : Tu peux me... mais au fait, c'est quoi, ton prénom ?

MOI (hébété par tant d'amour) : Walter.

LÉA : Walter. Enchantée, au fait, on n'a même pas eu le temps de se présenter. Moi, je m'appelle Léa. Tu fais quoi dans la vie ?

Si ma côtelette flottante n'avait pas décidé de se morceler façon URSS en 1991, je me serais levé d'un coup d'un seul pour lui dire : « Je t'aime. » Parce que, à ce moment précis, j'oublie tout le reste. Mais je réussis à bafouiller deux trois mots de franglais pour lui expliquer mon travail et mon ambition grâce à une phrase qu'elle conclut par un : « Cool ! Tu peux m'ouvrir ta 4G, s'te plaît ? »

Et je le fis. (Attention, chers lecteurs, préparez-vous ; je m'apprête à utiliser de nouveau le passé simple pour apporter plus de tragédie à la situation.) Nous nous quittâmes dès qu'elle eut fini de me vider mes 50 Go de données. Mais avant d'être examiné par un interne absolument débordé et dont les cernes tenaient plus du toxicomane que d'un digne protecteur du serment d'Hippocrate, elle me donna son LinkedIn.

Juste avant de passer sous les rayons X et d'entendre un « ouh là » très rarement annonciateur de bonnes nouvelles, je me suis fait ce constat et posé cette question : l'amour frappe à ma porte. Dois-je le refuser ou l'accepter ? Comme à chaque fois qu'un dilemme aussi puissant se présente à moi, j'ai une petite astuce léguée dans leurs écrits par les grands Dwight Eisenhower et Talal El Karkouri : j'ai pesé le pour et le contre.

Dans la colonne contre :

- on dépense plus d'argent ;
- on risque de se faire briser le cœur ;
- on y consacre beaucoup de temps ;
- on fait des compromis ;
- on perd en efficacité professionnelle et on court en plus le risque de créer une descendance, et donc une possible concurrence sur le marché du travail dans une quinzaine d'années.

Dans la colonne pour :

>on peut goûter aux plaisirs de la chair.

J'ai donc dit : « O.K., *let's go*. » Et d'ailleurs, notre relation allait pour le mieux. On pensait même à se pacser et à monter une entreprise ensemble dans un futur à long terme. C'est pour dire. Tout ça, c'était avant le drame. Avant le coup de couteau (symbolique, hein, pas dans le style de Nabi-Nabilla) qui entailla notre relation faite d'amour et de *morning routine* commune. Ce jour maudit du 11 septembre 2016, 15 ans après le funeste événement, c'est une troisième tour qui s'effondra. En écrivant ces lignes, je me rends compte que, dans n'importe quelle métaphore mi-poétique mi-ratée, se cache une allusion sexuelle réussie.

Ce 11 septembre 2016, cette traîtresse de Léa a décidé de postuler à la même offre d'emploi que moi. Comment pouvait-elle me faire ça ? Moi qui lui avais donné tout ce que j'avais. Mon temps libre, ma tendresse, les clés de mon appartement parisien et même une carte Pokémon Reptincelle Shiny. Et tout ça avant que la hype des cartes Pokémon fasse grimper le prix de certaines d'entre-elles au niveau de celui d'un T3 londonien.

Vous pensez que j'en fais trop ? Que j'*overreact* ? Devinez quoi ? ELLE A EU LE JOB ! J'étais tellement dégoûté. Même pas un texto de remerciements. *Nada*. Pas une recommandation sur LinkedIn.

Walou. J'ai encore la rage rien que d'y penser. Mais calmons-nous et laissez-moi vous formuler une conclusion raisonnée et pondérée : je vous déconseille absolument de tenter l'aventure amoureuse.

C'est vraiment un plan à une étoile sur cinq. On ne fait que perdre. Oui, même nous, les *winners*, c'est pas le comble, ça ? Sérieux, le *love*, c'est une défaite à chaque rencontre. On dirait l'OM en champions league. Moi, j'ai tout perdu. L'amour, mais aussi la confiance en moi. Et ça, comme ma vie l'a prouvé par la suite, c'était la dernière fois.

Bon, évidemment, comme un être humain normalement constitué, j'ai créé un faux compte Insta pour la stalker en toute quiétude. Et on dirait que ça se passe bien pour elle avec son nouveau mec. Bravo ! Tu les as enfin eues, tes vacances aux Seychelles, Léa ! En mode jacuzzi, bungalow, lagunes, *snorkeling*, etc. Pff, merci qui ?

Merci Reptincelle.

Faut-il aimer le foot ?

Sujet de discussion numéro 1 quand on n'a rien à se dire, la météo est détrônée depuis quelques années par le football. Oui, le football, un sport qui, comme le reste des sports, tient quand même d'une logique assez bizarre, quand on y réfléchit. Pourquoi des buts ? Pourquoi des paniers ? Pourquoi une balle ovale ? Pourquoi du hockey sub-aquatique ? Oui, oui, ça existe. Il n'y a qu'un seul sport qui trouve plus ou moins grâce à mes yeux, c'est le 100 mètres. C'est clair, net, précis. Tu mets une distance, un top départ et le plus rapide l'emporte. Le reste, c'est de la fioriture.

Il faut bien le reconnaître, parmi toutes ces disciplines négligeables, le football occupe une place de choix. Tout le monde a une équipe de cœur et la majeure partie de notre bonne vieille Terre sait expliquer à un enfant de 5 ans comment gagner un match. À savoir, mettre un but de plus que l'autre. Et l'enfant, lui, est capable de le comprendre. Cette simplicité est à la fois une insulte à l'intelligence humaine mais aussi la raison de la popularité de ce sport parmi les masses.

Par-dessus le marché, on ne dénote pas moins d'une trentaine de compétitions par an. Et encore, mon fil Twitter n'étant malheureusement pas le plus complet, je ne dispose pas d'une vue d'ensemble sur toute la planète foot. Mais franchement, trente compétitions. À croire que ces sportifs font absolument tout pour que l'on parle d'eux tout le temps, alors que, nous aussi, on a du boulot, sauf qu'on n'est pas filmés pour le faire. Officiellement ! *clin d'œil appuyé aux PC sécurité des salons de *co-working**

D'ailleurs... saviez-vous que, derrière ces hommes qui courent après un ballon, se cachent bien souvent des millionnaires ? Oui, j'étais moi aussi choqué de l'apprendre. Des millions pour des gens qui ne savent même pas utiliser WeTransfer... Est-ce que vous imaginez sérieusement Lionel Messi envoyer un mail ? Sans oublier la pièce jointe ? Voilà.

Apprendre que ces gens-là gagnent si bien leur vie m'a renvoyé à un souvenir qui me reste encore en travers de la gorge.

Début juin 1999. La France est championne du monde. Encore jeune, probablement influençable, je m'inscris et enfile la tenue bleu et blanc de mon premier et dernier club de football : l'E.S Colombienne. Très éloignées de Bogotá, les infrastructures de cette formation de quartier trouvent lieu et place dans la ville francilienne de Colombes, dans les Hauts-de-Seine. Eh oui ! Tous nos adversaires s'attendaient à jouer contre des petits Rodriguez, Suarez, Martinez. Raté ! (En réalité, on avait bien un Rodrigues, Soares et Martins dans l'équipe, mais c'est parce qu'il y avait une grosse communauté portugaise à Colombes à cette époque. Rodriguez/Rodrigues, c'est comme les synonymes : ça ne s'écrit pas forcément pareil, mais l'idée est là.)

Pour notre premier tournoi, nous étions réunis autour de Charly, notre entraîneur antillais (reconnaissable parmi mille à sa voix rocailleuse et son accent enlevé sur la fin des phrases. Ainsi qu'à, soyons francs, son jogging beaucoup mais alors beaucoup trop slim pour l'époque et pour son âge). Il avait loué un minibus et, mon équipe de benjamins et moi (il n'y avait pas un seul Benjamin dans l'escouade), sommes partis dans une ville que je maudis encore aujourd'hui : Cormeilles-en-Parisis, dans le Val d'Oise.

Je vous passe les cinq premiers matchs du tournoi, parce que je ne m'en souviens plus. Et que, si votre kif, ce sont les résumés de rencontres entre enfants de moins de 10 ans, allez sur le Dark Web et laissez-moi tranquille. Passons directement à la demi-finale… Le score était de 1-1 à 40 secondes du coup de sifflet final. La réflexion tactique de notre entraîneur se résumait souvent à « jouez au football, les enfants ». (Je veux bien que les plus grands managers ne fassent que répéter les fondamentaux, mais quand même). À 9 ans, j'étais un enfant assez rapide et, par conséquent, je jouais en attaque. Je devais marquer des buts. Et c'est justement ce que mon milieu de terrain Jawad (aucun rapport) m'a proposé de faire grâce à une passe qui m'est arrivée dans les pieds. J'étais à cinq mètres du but. Beaucoup d'enfants auraient tiré, vu la position préférentielle dans laquelle je me trouvais. Mais jeune, j'étais déjà différent, je voulais penser *out of the box*.

Alors, dans un geste fou, j'ai feinté une frappe et j'ai dribblé le gardien. En réalité, j'ai manqué mon tir et la balle n'a quasiment pas bougé de mon pied. Mais l'histoire est écrite par les vainqueurs, désolé pour ce jeune gardien de but adverse qui s'est retrouvé les fesses au sol et les gants en l'air. Et il allait mettre du temps à se relever, vu l'embonpoint qu'il présentait autour du nombril. Soyons honnêtes, les gardiens de but chez les mômes, ce sont souvent ceux qui manquent peut-être un entraînement mais jamais le goûter. J'étais donc seul devant le but. Entre la gloire et moi : il n'y avait rien.

Le temps s'est suspendu et les parents autour du terrain sont restés bouche bée. Je n'étais qu'à quelques centimètres d'être porté en héros par tous mes coéquipiers et d'emmener mon club en finale d'une compétition régionale. J'allais marquer ce but et, par la suite, l'histoire de mon pays, j'en étais sûr. J'ai armé mon pied gauche, celui qui était le plus proche de la gonfle. Et j'ai poussé la balle devant moi. Elle a roulé tout doucement. Et mon destin avec.

À côté. J'ai réussi à tirer à côté du but. Dans la foulée, le p'tit gros d'en face s'est relevé par miracle à une vitesse folle, a récupéré le cuir et l'a dégagé de toutes ses forces (et il en avait) vers son attaquant. La balle a rebondi sur la tête de ce dernier, l'a assommé au passage et a fini sa double parabole dans nos filets. 1-2. L'arbitre a sifflé la fin du match. On a perdu.

Depuis, je me suis promis de ne plus jamais perdre. À rien. Que ce soit au ping-pong contre mon petit-cousin polyhandicapé ou en appel d'offres, je ne lâche rien et je gagne tout le temps. C'est ma raison de vivre. « Ce que je sais des hommes, c'est au football que je le dois », disait Camus (Albert, pas Renaud). Ne t'inquiète pas, Albert, message reçu. Plus personne ne dira que Walter Laouadi a perdu quelque chose. Rien. Même ma virginité ; je l'ai offerte, mais pas perdue.

Revenons à notre sujet : l'importance du football dans la société. Si seulement ça ne vampirisait que les chaînes de télé. Mais non, il s'infiltre jusque dans la littérature, art que je me dois de défendre à chaque caractère que mon éditrice me commande.

Parlons vrai. Avez-vous déjà lu une autobiographie de footballeur ? Laissez-moi vous faire gagner 1 h 30 de votre vie (vous pouvez m'envoyer un Lydia, car le temps, c'est de l'argent, et ce n'est pas la première fois que je vous le dis). On a rarement vu des lapalissades aussi bien montées. Un « enfant, je rêvais d'être pro » précède un « ado, j'ai été repéré par un recruteur » finalement ponctué par un « et là, je joue au foot, mais je n'oublie pas d'où je viens ». Voilà. 19,90 euros, *por favor*.

Bon, déjà, tous ces écrivains en herbe fraîchement tondue ne souffrent pas d'Alzheimer et je suis content pour eux. Faut dire que le contraire, pour une autobiographie, ça tiendrait du ridicule. Mais surtout, ce que je retiens, c'est que, s'ils avaient été moins forts pour le sport, ils seraient probablement des êtres neutres en tout point. Comme votre voisin. Votre beau-frère Gary. Peut-être même l'un de vos collègues. Et inversement.

Si ce con*ard de Gary avait été meilleur au foot, il ne parlerait pas de Mbappé à chaque pause déj, mais peut-être qu'il lui ferait des passes.

Pour conclure notre sujet, je constate qu'il ne faut évidemment pas aimer le foot parce que, à raison de 1 h 45 par match, 38 matchs par championnat, et un championnat par pays (voire 3-4 parfois), vous passeriez trop de temps devant la télé pour être productif et rentable au travail. Et ça, c'est carton rouge !

En revanche, voir vos collègues aduler des gens qui ne les connaissent même pas doit vous rappeler qu'il est toujours préférable d'admirer des personnes qui vous sont vraiment proches. Parce que vous pouvez vraiment avoir un impact dans leur vie. Échanger avec eux. Recevoir leurs précieux conseils. Et, quitte à idolâtrer quelqu'un, autant que ce soit une personne qui mérite vraiment toute cette attention. Soyez cohérent. Soyez fan de votre N+1.

Que faire avec un milliard d'euros ?

Voici une réflexion que beaucoup de gens se sont déjà faite : « Si j'avais un milliard d'euros, je ferais quoi ? »

Se poser des questions, c'est bien. Se poser des questions crédibles, c'est encore mieux. Un milliard. Tout de suite, la folie des grandeurs. Un milliard de roubles, à la limite, pourquoi pas. Mais être milliardaire en euros, ça se mérite ! Il faut compter chaque euro, chaque centime, savoir dépenser son argent uniquement pour des équipements ultra-nécessaires (oui, ce livre en fait partie). Il suffit de jeter un petit coup d'œil sur vos dépenses d'hier pour vous rendre compte que ce type de somme est tout bonnement inatteignable pour vous. *Time is money*, donc faites-en le deuil le plus rapidement possible. Vous et le milliard, c'est mort.

J'ai tendance à croire qu'il en va de même pour la relation qui vous unit au million, maiiiiis... Le loto existe et il faut bien que quelqu'un ici vous prépare à recevoir un petit chèque à sept chiffres. Comme disait A'salfo : « Dans la vie, on n'sait jamais. » Donc, nous allons profiter de cet instant d'intimité et de détente pour réfléchir ensemble à comment dépenser un million d'euros.

Relativisez quand même, statistiquement, vous avez plus de chances d'être élu président de la République française que de gagner à l'EuroMillions.

Déjà, j'aimerais me mettre en opposition frontale avec les mots du fameux philosophe Daniel Moreira qui disait : « Un million, ça fond comme neige au soleil. » Voilà un homme qui a dû vivre près d'une montagne ou qui n'a jamais connu la notion de gel parce que, petit, quand il fallait frotter le pare-brise du Volvo Break de mon père, le soleil ne m'était pas d'une grande aide à 8 h 30 du matin. Mon salo*ard de frère non plus, d'ailleurs. Mais c'est un autre sujet.

On a déjà tous vécu ce moment super gênant lors d'une pause déjeuner. Le contexte temporel est simple : nous sommes un vendredi 13. Ce soir, il y a un super-méga-giga-gros-lot à gagner sur TF1 et chaque collègue se met en tête que, peut-être, la bonne fée de la chance va venir poser un baiser sur leur front plein de sébum.

« Qu'est-ce que je ferais, moi, avec un million ? »

Et tout de suite, les idées fusent. À une vitesse assez difficile à estimer, même pour un radar automobile planqué derrière une fougère. C'est comme si tout le monde avait déjà intérieurement répondu à cette question. Dans le top 1 des premières réponses qui *poppent*, on a souvent le droit à « je me barre en vacances sur une île paradisiaque ». Ah ? Mais peut-être que, si l'île bénéficie encore de ce qualificatif, c'est parce qu'elle est dépeuplée de nouveaux riches qui vont à tout prix vouloir profiter d'un jacuzzi ou acquérir une bâche pour protéger de la pluie la clinquante Clio 2 louée à l'agence Sixt du coin. Agence notée moins d'une étoile sur cinq par les vrais habitants fortunés de l'île, qui trouvent cela tellement aberrant qu'on propose encore de louer une voiture à des gens qui n'ont pas les moyens de vivre là à l'année. « L'enfer, c'est les autres », disait le premier maire de Sartrouville. Je me permets d'apporter une modification à ses dires. L'enfer, c'est *les nouveaux riches pour* les autres. Sûrement un oubli de sa part, mais ça mérite d'être une fois pour toutes écrit noir sur blanc.

En numéro 2 des dépenses débiles vient la voiture, justement. Comme j'ai voulu vous faire gagner du temps (vous me remercierez plus tard), j'ai mêlé les deux sujets dans le même paragraphe ci-dessus, mais c'est vraiment bonnet blanc et blanc bonnet. Pourquoi prendre une voiture ? Loin de moi l'idée de vouloir jouer l'écologiste 1.0 mais, franchement, à quoi ça sert d'être motorisé aujourd'hui ?

Partons du principe que vous ne vivez pas dans une grande métropole, pourvue d'Uber ou de métros pour les plus démunis. Premièrement, je vous plains et ça me désole un tantinet d'être lu par des provinciaux. Mais soit.

Rassurez-moi, il y a quand même des bus par chez vous, n'est-ce pas ? Bon, alors j'ai une idée : pour le travail et l'école, ce sera vous et les enfants dans le bus conduit par Dédé. Et pour les courses, ce sera la livraison. Problème réglé. Je ne comprends pas pourquoi on se prend la tête avec le G 20 ou le GIEC, quand il suffit de confier des cars sans ceintures de sécurité aux seuls gens du village qui n'ont pas encore perdu leur permis.

Et, me direz-vous, comment faire sans automobile pour les vacances ou les week-ends en mode *city break* ? Je m'en vais vous faciliter la vie en trois phrases. Votre mode de fonctionnement à base de bus et de boulangerie comme seul lieu de passage dans le village est déjà un *city break* en soi. Vivre à la campagne, c'est vraiment génial une semaine. Mais il faut assumer les 357 autres jours de l'année. Vous l'aurez compris : que l'on soit donc à Paris ou à Saint-Vincent-le-Paluel, ça ne sert à rien de s'imaginer jeter ses sous chanceusement gagnés dans l'habitacle flambant neuf d'une voiture.

C'est généralement après avoir éliminé les deux premiers souhaits sans intérêt d'un futur millionnaire qu'une petite voix dans le fond de la salle s'élève et prononce ces quelques mots qui me font frissonner d'effroi : « Moi, je pense que j'investis dans la pierre. » Mais quand est-ce que vous allez *think different*, bon sang de bonsoir ? Acheter une maison est à la portée de tout le monde, sous réserve d'être en possession d'un CDI. (Quand je vous dis que ce truc est un sésame, sérieusement, ça ouvre toutes les portes. Pourquoi vous vous obstinez à vouloir faire du free-lance quand vous ne pouvez même pas obtenir un prêt à la Banque Postale avec ce statut ?)

Si la Française des jeux a choisi de changer votre destin du jour au lendemain, je vous en prie, démarquez-vous. Pourquoi acheter des biens, quand on peut acquérir de l'immatériel ? Les exemples pullulent dans mon encéphale. Vous pourriez par exemple vous offrir un animal en voie de disparition ! Et voir sa valeur augmenter de manière logique jour après jour. (Grosse OPA sur le vison d'Europe en ce moment ! Dépêchez-vous avant qu'il n'en reste vraiment plus que douze sur tout le vieux continent. Et hop, un petit conseil gratuit. Merci qui ? Merci Laouadi !)

Pourquoi pas investir dans l'achat d'un élément naturel sur le point d'être privatisé ? Attention, il n'en reste plus beaucoup. L'eau, c'est déjà pris. La terre, je préfère ne même pas en parler. Si on fait le décompte, il ne reste plus que l'air et le feu. À vous de choisir, même si je considère à titre personnel que l'air est plus prometteur. Si vous pensez que l'amour est également un élément à prendre en compte, je vous rappellerai que Leeloo Dallas est un personnage de fiction dans un univers en tout point utopique. Par pitié, reposez ce livre rapidement et sortez chercher du travail.

Aujourd'hui, vous avez aussi l'opportunité de vous lancer dans la formidable aventure des NFT. (Chers lecteurs, je me permets cette petite parenthèse inopinée pour vous témoigner de la pression que me met mon éditrice pour sortir ce livre. Selon elle, les Non Fongible Token ne seront plus un sujet d'actu à la fin de l'année, d'où la nécessité de se dépêcher pour ne pas rendre caduque ce paragraphe. Bon, après, faut la comprendre, elle est entourée de bouquins toute la journée, la pauvre. Pour elle, NFT, c'est probablement un artiste de rap à trois lettres comme il en existe pléthore aujourd'hui.) Un NFT, qu'est-ce que c'est ? Eh bien, la vérité, c'est qu'on s'en contrefiche. Puisque ça vaut de l'argent : pourquoi réfléchir ? La finalité, elle est déjà là, non ? Vous pensez que, à l'époque, Eugène Delacroix, il devait expliquer à quoi servaient ses tableaux ? Non ! Il les vendait et basta. Les NFT, c'est pareil. Faut pas trop poser de questions ; faut y aller sans penser aux risques. Phrase que l'on peut, il est vrai, entendre également à chaque début de plan foireux franchissant allègrement les frontières de la légalité.

Mais, encore une fois, j'emmène le sujet sur un terrain encore plus intéressant philosophiquement parlant. Selon moi, la meilleure façon de dépenser son million d'euros, c'est d'investir dans vous. Dans votre potentiel. Dans vos actions au quotidien. Dans votre épanouissement. Une fois votre million récupéré, vous n'avez qu'une seule chose à faire. Qu'une seule direction à dicter à votre chauffeur Uber. Le bureau de votre boss. Attention, je ne parle pas du N+1. Je parle du *big big big* boss. Celui qui dirige toutes les équipes qui vous dirigent.

Une fois dans les locaux, et d'un pas assuré, vous allez vous installer dans le petit canapé qui fait office de salle d'attente devant sa porte. Et une fois qu'il est prêt à vous recevoir, vous commencez par dire « bonjour », parce que vous êtes polis. Et très vite, vous lui proposez d'acheter pour 999 999 euros d'actions dans son entreprise. Épaté devant tant de courage et d'ambition, son silence est éloquent. Mais qui ne dit mot consent (expression à vérifier, surtout après la vague #MeToo, je ne suis pas sûr que ce proverbe soit encore d'actualité). Déposez l'argent sur son bureau et reprenez immédiatement votre poste quelques étages plus bas. Pour travailler d'arrache-pied et faire (déjà) fructifier votre nouvel investissement.

Pourquoi 999 999 ? Parce que l'euro restant, c'est pour lui offrir le café à la machine et l'aider à se remettre de ses émotions. Il faut comprendre son chamboulement. Des employés comme vous, ça n'a pas de prix !

Où aller en vacances ?

Je ne sais pas ce qui est passé par la tête des membres du Front populaire, mais ils ne devaient pas avoir les yeux en face des trous lorsqu'ils ont imaginé cette histoire de congés payés. Rien que le terme, c'est un oxymore. Un peu comme « équilibre instable » ou « chaleur glaciale ». Entre nous, ça fait plus titre d'album de chanteur qui a le droit à sa promo sur France Inter pour chaque sortie de single que progrès social. Non ?

Mais bon, le fait est que, près de 100 ans plus tard, on est quasiment obligés de se coltiner cinq semaines de chômage obligatoire. Et encore, je ne vous parle pas des malheureux enseignants qui sont, eux, dans l'obligation de s'extirper du monde du travail pendant quatre mois. Une saison entière. Et pas celle de Netflix, hein. Non, celle de Vivaldi.

Je plaisante, évidemment. On sent bien qu'ils ne se gênent pas pour se tailler en vacances dès qu'il y a une suspicion de jours fériés au loin. Prof, c'est quand même un métier... S'ils n'existaient pas, il aurait fallu les inventer. Un classeur légué par le collègue qui part à la retraite et ça y est. « Yapluka », comme on dit. Y a plus qu'à répéter la même chose chaque année sans changer un seul mot.

Est-ce que vous avez vu des *updates* de livres d'histoire ? Eh bien, moi non plus. Des événements historiques, comme la guerre d'Algérie, commencent à peine à être écrits dans un petit encadré de la page 179 du gros manuel Nathan. Livre de dix-sept kilos qui consacre quand même quatre chapitres à l'homme de Néandertal et à ses cousins les chasseurs-cueilleurs. À quel moment on parle de Steve Jobs, de Jeff Bezos ou de Jack Ma (première version), les hommes qui ont véritablement changé le monde moderne ? Jamais.

Et, là encore, je suis gentil, je parle des profs d'histoire dont la matière continue de s'écrire au fil des jours. Mais imaginez les profs de maths. Vous pensez sérieusement qu'on a découvert un nouveau chiffre depuis 2000 ans ? Je vous mets au défi de m'expliquer, sans faire un AVC, pourquoi moins par moins égale plus. Essayez de justifier ça à votre N+1 lors de la présentation de vos résultats négatifs et vous aurez dans la bouche un spectacle plus drôle que 95 % de ce que propose le stand-up français.

Hormis les profs, les autres adultes sur le territoire national disposent donc de cinq mois de congés payés, qu'il est de bon ton d'utiliser pour aller visiter de nouvelles villes et régions. Ou pour aller dépenser son argent dans d'autres pays dans le but de se sentir encore plus riche (fonctionne en Thaïlande, moins à Dubaï). Alors, que faire ? Où aller pendant ces maudites *holidays* ?

À la manière d'un mentaliste, je vous vois déjà *brainstormer* pendant quelques secondes avant d'arriver à la réponse « bords de mer », comme beaucoup de gens qui vivent loin d'un point d'eau.

Mais d'où vient cette idée ? C'est quoi le projet ? Faites le test au bureau. Regardez votre équipe. Il y a 99 % de chances pour que celui ou celle qui ne fout jamais rien soit allé se dorer la pilule sur une serviette de plage l'été dernier. Je vous autorise même à quitter la lecture de cet ouvrage pour le reprendre une fois ma prédiction démontrée par vos soins.

C'est bon ? On reprend ?

La plage, c'est vraiment un truc de feignants. L'idée générale, c'est : « On y va et on fait rien. »

Si encore c'était plaisant, en mode « massage offert par la municipalité », pourquoi pas ? Mais on en est bien loin. Tout est supplice. La chaleur (si on a inventé l'air conditionné, c'est pour une raison). Les cris des enfants qui se blessent sur un coquillage toutes les 34 secondes. Et surtout, le voisinage non désiré que l'on s'oblige à subir pendant 4 heures d'affilée. C'est comme si Dieu avait décidé que tout ce qui séparait la mer de la première départementale avoisinante relevait de la « no-job-zone ». Le seul qui charbonne et qui pourrait mériter tout mon respect, c'est le jeune homme qui se casse les cordes vocales à déclamer son si chantant « chouchouuuus, beiiiignets ». Et encore, toute cette relative admiration s'évapore quand, à la fin de la journée, je me rends compte que celui que je pensais courageux n'a vendu que six pâtisseries. Par contre, pour s'asseoir à côté des plus belles filles et tchatcher comme si le chômage n'existait pas, là, y a du monde. Youhou, mesdames ! Réveillez-vous. Ce type n'est pas un businessman, ça saute aux yeux.

Autre destination adorée des Français (CSP + cette fois-ci), la montagne. Ah, le ski ! J'y retrouve déjà un peu plus de ces petites choses qui pimentent mon quotidien. Se lever tôt pour profiter de la journée. Atteindre des sommets. Manger mal et payer cher. Être absolument exténué à 13 heures et savoir qu'il reste encore la moitié de la journée pour profiter au maximum des gens avec qui on a déjà passé toute la matinée. J'a-dore. La seule différence réside dans une odeur que je reconnais beaucoup moins nauséabonde dans l'*open space* que dans cet appartement censé être « au pied des pistes ». Localisation géographique qui ne peut se confirmer que lorsque l'on est doté de la pointure de Gulliver. Pour le reste des êtres humains normalement constitués, ça reste à quinze minutes de marche. Ça, plus une journée de glisse : le soir, au moment d'enlever les chaussures de ski rendues populaires par Gad Elmaleh, je vous laisse imaginer le chatouillement des narines. Le Covid, c'est dur. Mais si ça permet de perdre l'odorat dans ce genre de moments, je remercie presque Wuhan et sa circonscription pour tout ce qu'ils ont fait.

Pour les autres destinations exotiques qui ne comprendraient ni écume ni neige (du genre Iran,

Ouganda ou encore Saint-Étienne), j'ai envie de vous dire, à la manière de la star du développement personnel Ali Rebeihi (quel dommage qu'il soit sur France Inter...) : « Grand bien vous fasse ! » Si c'est votre plaisir de vous retrouver au milieu d'un groupe de profs de géo à la retraite, pourquoi pas. Méfiez-vous quand même. Parce que, en dehors de leur humour qui tourne principalement autour des plaques tectoniques, ils ont surtout cette fâcheuse tendance à trouver des chemins de randonnée dans n'importe quel endroit du globe. C'est ça, leur kif. Mettre quatre jours à faire un chemin que tu peux boucler en 1 h 30 de scooter. La rentabilité, c'est une insulte, pour eux.

Et si je vous disais que la seule destination qui vaille le coup lors de vos CP, vous la connaissiez déjà ? Et si je vous disais qu'il existe une astuce légale pour passer l'intégralité de vos vacances... sur votre lieu de travail ? Et tout ça sans que votre RH ascendant syndicaliste vienne vous bassiner de « euh, Walter, tu as encore cinquante-cinq jours à poser sur Payfit, on risque d'avoir de gros problèmes si l'Inspection du travail met son nez dans tes fiches de paie, tu comprends ? »

Cette solution est pourtant simple. C'est quand même fou que personne n'y ait pensé avant. Bon, allez, j'arrête le *teasing* pourri, on dirait une YouTubeuse qui intitule sa vidéo de quatorze minutes « JE VOUS DIS TOUT SUR MA

MALADIE GRAVE » pour finalement attendre les 30 dernières secondes pour nous parler de son hypersensibilité (autodiagnostiquée) entre deux placements de produits.

Pour vivre les meilleures vacances, il suffit de solliciter un stage dans votre propre service ! Le saviez-vous ? Vous avez le droit de postuler à des stages de perfectionnement pendant vos congés. Elle est pas belle, celle-là ?

Avantages pour vous : vous prenez de l'avance sur votre planning et vous prouvez toute la motivation et l'ambition qui vous animent à votre N+1. Avantages pour votre employeur : moins de charges sociales et, en plus, vous connaissez déjà le job.

C'est ce qu'on peut raisonnablement appeler des congés « gagnant-gagnant ».

Prends ça dans les dents, Léon Blum.

À côté de qui s’asseoir à la **cantine du travail ?**

« Excellente question, merci Walter. » Mais je vous en prie, mes chers lecteurs qui, je l'espère, feuilletez ces pages à quelques minutes de vous précipiter à la *famosa* cantine du travail.

Beaucoup la dénigrent, mais il faut quand même respecter cet univers incroyable. On parle d'un lieu, généralement caché du soleil, dans lequel viennent cohabiter les stagiaires et les managers. C'est parfois un coup de chance, parfois le résultat millimétré d'un plan élaboré façon el Profesor, mais vous pouvez vous retrouver à choisir vos œufs mayonnaise à quelques centimètres de votre patron. Des occasions comme celle-là, il n'y en a pas mille dans une carrière.

À tous les *haters* qui veulent me reprendre sur mes références contemporaines ; oui, j'ai regardé la *Casa de Papel*. Généralement, quand ça parle d'argent, ça m'intéresse. Et, oui, comme vous, je n'ai pas été jusqu'au bout, parce que, à un moment donné, il y a une dame enceinte de huit mois et demi qui arrive à déplacer un mec de quatre-vingts kilos à mains nues. Je veux bien croire en la force du désespoir, mais la seule fois où je l'ai vue, c'est quand Moundir avait soulevé un tronc d'arbre de séquoia à lui tout seul dans *Koh Lanta*, édition le retour du retour des vrais guerriers légendaires. Pour le reste et votre série espagnole, foutaises !

À l'instar de chacune de vos actions effectuées durant les plages horaires convenues par votre contrat de travail, choisir qui vous accompagnera durant vos mastications de la *pozdej* tient de la revendication politique. Faire de la lèche (oui) ou passer un moment sympa avec les stagios (jamais) ? C'est à vous de peser le pour et le contre de chacun de vos gestes et paroles. Et ça commence dès le choix du repas.

Imaginez : plateau dans les mains, vous enchaînez les pas chassés pour choisir de quoi vous sustenter selon le chemin prédéfini par l'organisme qui gère ce restaurant d'entreprise. Tiens, vous voilà coude à coude avec votre N+1, dont le véganisme terrorise chaque légume vert dans les trente kilomètres à la ronde. À la manière d'un chasseur Pokémon se baladant dans les hautes herbes, vous allez forcément tomber dans un combat contre votre ennemi quotidien : j'ai nommé la « dame de la cantine ». Le cosplay est très minimaliste. Petit chapeau en papier. Duvet fin sous le nez. Et, quand vous avez de la chance, vous tombez contre la boss du secteur, celle avec la dent en moins. C'est désarçonnant, avouez-le. Son regard est froid. On y perçoit même un petit zeste de haine, probablement dû aux inlassables « hmmmmm, j'hésite entre la blanquette et le saumon... oh la la... Il est frais, ce saumon ? Oui ? Non, non, mais je vais finalement prendre la blanquette, allez ! » qu'elle subit quotidiennement. Mais ne succombez pas à cette guerre mentale qu'elle vous impose. Il faut garder la tête froide et ne surtout pas oublier que vous jouxtez votre manager qui, comme tous les véganes, vous rappelle son choix alimentaire dès qu'une fenêtre de conversation s'ouvre. Donc faites en sorte de ne pas « partir sur la bavette d'aloyau et sa purée aux truffes ». Cela constituerait une erreur stratégique grave.

Parce que :

- petit a : elle est pas bonne. Vous pensiez vraiment avoir une viande de qualité pour 3,75 euros et un rythme de travail du petit personnel à faire rêver n'importe quel employé de poste de ville de moins de 5 000 habitants ?
- petit b : cote à 1,05 pour que le sport pratiqué pendant le repas soit votre capacité à vous justifier pour ce massacre animal auquel vous participez indécemment.

Évitez donc de *luncher* avec vos boss. Parce que, partager un repas, c'est parfois un supplice (pour lui, comme pour vous). Mais ça peut être également l'occasion de fréquenter vos collègues et de vous perfectionner dans une discipline très répandue dans le milieu pro : le *small talk*. Terme anglophone qui définit l'échange de mots, de manière informelle autour de sujets qui sentent pourtant bon le formol.

- Vous trouvez pas qu'il fait chaud, pour un mois de mars ?

– Certes, Malik, il fait chaud, mais est-ce une raison pour porter une doudoune sans manches, la réponse tient en trois lettres et n'est pas « oui ». Tu veux ma compote contre ton bout de pain ?

Les *topics* à aborder sont souvent les mêmes. Avec un peu d'entraînement, vous pourrez bientôt prendre la place de l'Arc de Triomphe en pilote automatique tellement les discussions tournent en rond. Les frasques du petit dernier, l'augmentation refusée, les photos du nouveau *crush*. Dès que la conversation part sur les *Marseillais à Miami* ou sur la dernière photo Instagram de Rihanna, accrochez-vous. Parce que, sans échauffement, on se retrouve en moins de deux sur un hors-piste dont ne ressortiraient pas les pilotes les plus aguerris. Schumacher style. Ah, c'est sûr que, si votre passion c'est le CAC 40 et la relance économique dans l'espace Schengen, vous allez vivre des longs repas en tête-à-tête avec votre risotto à la cantine.

Et si c'était ça, au fond, le secret d'un intermède culinaire réussi ? Manger seul, oklm, devant son ordinateur. Ça vous fait peur d'être seul et de ne pas manger chaud ? Mais laissez-moi vous donner trois arguments absolument implacables. Promis, vous allez jeter votre carte de cantine en l'air comme les chapeaux des étudiants américains dès qu'ils ont validé leur diplôme à 90 000 euros l'année.

Premièrement, vous n'aurez plus l'occasion de vous mettre dans une situation malaisante. À moins que vous soyez le genre de personne qui se parle à elle-même, impossible pour vous de vivre un moment de gêne. Pas comme la fois où j'ai demandé comment s'appelait le père de mon collègue slovaque Marek, et qu'il m'a répondu : « Il s'appelle plus. Il est mort. » L'ambiance du repas par la suite était à la hauteur de la vitalité de son paternel.

Deuxièmement, l'industrie du sandwich triangle s'est vraiment diversifiée depuis 2010. Je crois que je n'ai pas forcément besoin d'en dire plus. Ces merveilleuses tranches de pain de mie, embrassant les crudités et/ou la source de protéines de votre choix, constituent pour moi une sorte de merveille de rentabilité. C'est une sorte de chapelle Sixtine de la nutrition. On a beau en manger tous les jours, on ne se lasse jamais et on a toujours envie d'en goûter une nouvelle saveur afin de satisfaire la délicatesse d'un palais chaque fois plus critique. Qu'on m'amène le créateur de cette œuvre d'art que je l'embrasse et le remercie pour tout le temps qu'il m'a fait gagner et les voyages gustatifs qu'il m'a offerts.

Troisièmement, vous aurez EN PLUS l'opportunité de prendre de l'avance sur votre *to-do* et de travailler une heure supplémentaire par rapport à vos collègues. Ce sont peut-être ces soixante minutes quotidiennes qui feront la différence au moment de l'entretien individuel. Je dis ça, je dis rien.

N'oubliez pas. Au travail comme en *after work* : manger, c'est tricher.

Faut-il pratiquer une activité sportive en dehors du travail ?

Commençons par le commencement : avoir une vie en dehors du travail, quelle qu'elle soit, n'est pas conseillé par le comité de rédaction de cet ouvrage que je constitue et représente. Mais étant donné que je cherche à obtenir une sponsorisation du pôle influence du gouvernement, je me soumets par anticipation aux recommandations à venir de l'Union française pour la santé (et pas que bucco-dentaire) et m'engage à parler d'activité physique dans les paragraphes que vous vous apprêtez à parcourir.

Donc, le sport. Pourquoi produire un effort physique quand on peut, à la place, produire des richesses ? La question se pose depuis Socrate. Ironie du sort, j'ai googlé le nom du fameux philosophe grec et le moteur de recherche m'a également proposé la page Wikipédia d'un footballeur brésilien aux influences socialistes. Beurk... Moins ironique, mais à signifier quand même, la troisième suggestion était celle d'un dénommé Monsieur Socrate, dit Mac Tyer, né à Aubervilliers le 23 avril 1979, et dont le casier judiciaire porte mention de deux condamnations. Comme quoi, il faut toujours vérifier sur Internet si notre prénom n'est pas tombé en disgrâce.

Si le premier Socrate de l'histoire était parmi nous aujourd'hui, il se poserait probablement la même question que moi : pourquoi les êtres humains, aux alentours de janvier, se mettent tous à réinvestir dans des abonnements à la salle de sport et à acheter des baskets de running ? En passant, avez-vous remarqué que les mots « résolution » et « Décathlon » ont exactement le même nombre de syllabes (à une près) ? Ça doit être absolument jouissif d'être patron d'un club de fitness le soir du 31 décembre. Peu importe l'état dans lequel on se réveille le lendemain, on sait que l'argent va toquer à la porte à grands coups de « 12 mois à 35 euros, avec les frais d'inscription à 110 euros ». Le premier café de l'année doit être dégusté en charentaises-peignoir, confiance dans le regard et sourire aux lèvres. Avec un peu de *Amazing* de Georges Michael balancé volume 4 depuis l'enceinte de la Google Home. Doux mais sublime.

J'avais une collègue qui était absolument fan de sport. *Spoiler alert*, elle était toujours la dernière de nos classements « rentabilité/projet ». C'est super sympa, les cinq séances de body pump par week-end. Mais forcément, le lundi matin, quand il s'agit d'aborder les objectifs de la semaine, on a le nez qui pique, Astrid, hein ? Chaque midi, elle allait faire ses fractionnés sur les trottoirs du boulevard de Magenta, entre Gare du Nord et République. Parfois, ça ressemblait plus à un 110 mètres haies quand elle devait enjamber les SDF et autres *crackheads* qui rompichaient paisiblement sur le bitume de la capitale. Dieu merci, notre entreprise, comme toutes les boîtes modernes désireuses de garder leurs talents le plus longtemps possible, proposait une salle de bains avec douche à ses employés. Officiellement pour les encourager à faire du sport sur leurs pauses. Officieusement, je crois que ce « cadeau » nous invitait surtout à faire des charrettes tout en gardant un peu de dignité et d'hygiène. Comme si on avait besoin de ça pour se surpasser. Depuis quand il faut sentir bon pour envoyer un PowerPoint ?

Astrid, elle pratiquait absolument TOUTES les disciplines. Une semaine aviron, une semaine tennis, une semaine football (lol), une semaine saut à la perche. Elle ne méritait pas ses primes de fin de mois (et d'ailleurs, elle ne les obtenait jamais), mais elle aurait quand même pu recevoir un petit coup de fil du ministère des Sports. Parce que je crois que, à elle seule, elle représentait 4,3 % de toutes les licences sportives du pays.

Pourquoi n'exerçait-elle pas un métier dans son domaine de prédilection ? Décidément, chers lecteurs, vous vous posez de très bonnes questions. La réponse est simple : elle était nulle. Je n'avais pas pratiqué le ping-pong depuis sept ans quand je lui ai administré un 21-11 dont elle me reparle encore aujourd'hui. Comme le disait Olivier Minne : « À vouloir être bon partout, on est surtout bon nulle part. » Astrid, si tu me lis, travaille tes points forts dès que tu les auras trouvés. Et reviens quand tu veux prendre ta revanche, j'ai encore un sacré coup de raquette (service à la chinoise, pour les connaisseurs).

Se muscler, entretenir sa condition physique… O.K., mais pour quoi faire ? Quel est le but ? Parfois, ça m'arrive de regarder les replays de Jeux olympiques (généralement dans la nuit, quand Internet saute en Azerbaïdjan et que mes collaborateurs ne répondent plus). Et tous les plus grands champions le répètent dès qu'un journaliste de France TV leur tend un micro : « L'important, c'est le mental. » Vous entendez ? Cette athlète vient d'enchaîner un pentathlon digne des dieux de l'Olympe et, pourtant, elle ne met en avant ni sa musculature, ni son endurance, ni la souplesse de ses chaussures ou la flexibilité de son dossard. Elle met en avant son mental. Donc autant gagner du temps et travailler directement cet aspect, qui fait toute la différence entre un tennisman français après 1983 et n'importe quel vainqueur vacciné d'un tournoi du Grand Chelem.

Ce qui est appréciable avec le mental, c'est qu'on peut le développer et s'entraîner sans avoir à s'entasser dans un hangar qui sent la transpiration et la sologamie démesurée. Non, vous pouvez vous exercer depuis chez vous, grâce à plusieurs interactions sociales.

> Écoutez votre conjoint se plaindre de ses collègues sans rien dire.

> Répondez calmement et le plus sérieusement possible à chaque « et pourquoiiii ? » de votre insupportable neveu sans réfléchir aux conséquences judiciaires d'une éventuelle balayette sur mineur de moins de 15 ans.

> Tentez d'expliquer votre travail à vos grands-parents. Jusqu'à ce qu'ils le comprennent.

> Soyez le dernier à raccrocher à chaque fois qu'un conseiller SFR vous appelle. (J'aurais pu choisir n'importe quel autre fournisseur d'accès Internet, ça marche aussi. Sauf Bouygues. Déjà, parce que je suis client chez eux, et surtout que je ne veux aucun embryon d'embrouilles avec l'un de mes modèles : Martin B.)

> Prenez la ligne 8. Après Bastille.

> Ou le RER D un jour de grève, pour les plus ambitieux. (Désolé les provinciaux si ça ne vous parle pas mais, encore une fois, j'ai une cible et des choix éditoriaux à respecter.)

> Collez votre oreille au mur qui vous sépare de ce voisin qui décide de faire des travaux dès 8 heures du matin. Le dimanche.

Si vous réussissez à emmagasiner assez de « mental », vous n'aurez plus besoin de faire le moindre effort physique. Vous serez résistant à toutes les épreuves de la vie et vous pourrez regarder en face chacun des obstacles que la vie place sur votre chemin. Vous pensez qu'un combattant d'UFC regarde ses petits pectoraux saillants avant de rentrer dans la cage de combat ? Non, il repense à tout ce qu'il a enduré pour en arriver jusque-là. Khabib Nurmagomedov, l'un des plus grands champions de la bagarre, se battait avec des oursons quand il était plus jeune. Quand vous avez 7 ans et la boîte crânienne à quelques millimètres des incisives d'un quadrupède connu pour son addiction au miel, mais également pour son coup de patte mortel, ça vous forge un mental en vibranium. Si demain, on mettait Khabib dans un *open space*, quelque chose me laisse penser qu'il gagnerait très rapidement le respect de tous ses managers.

Retenez donc que l'endurance mentale prime sur le physique. Un boxeur qui se relève continuellement gagne toujours ses combats. Soyez ce boxeur. Développez la force de ne jamais vous avouer vaincu. De toujours vouloir gagner, remporter le match, tenir la distance, être le dernier debout. C'est ainsi que vous pourrez travailler sans relâche, sans essoufflement, sans l'envie de fragile de « déconnecter ». Vous la sentez, cette force intérieure ? (Phrase qui passe super bien à l'écrit, mais beaucoup moins dans une secte dominée par un gourou porté sur la chose.)

Si oui, vous êtes désormais apte à prononcer ces quelques mots qui réservent un goût divinement sucré en bouche et pourtant aigre-doux aux oreilles : « Non merci, le sport, je n'en ai pas besoin, moi. » Tout le plaisir et la puissance de cette phrase résident uniquement dans le « moi ». Encore. Et toujours.

Comment bien souhaiter ses vœux de bonne année ?

Intérieur nuit – séquence 3, scène 5 – appartement avec vieux parquet.

« 5, 4, 3, 2, 1, Bonanéééééééé », hurlent ensemble une trentaine de convives avant de se jeter dans les bras les uns les autres et de s'embrasser en se faisant mille promesses. Notamment celle de ne plus jamais se perdre de vue. De vivre à fond les douze prochains mois de leur existence et de s'écouter plus pour mieux se comprendre.

Héhé, vous vous êtes fait avoir, chers lecteurs ? Vous pensiez que cette scène était issue d'un long-métrage français réalisé par Guillaume Canet ? Eh bien, non, il s'agit malheureusement d'un moment que l'on a tous déjà vécu dans la vie IRL. Et, pire, il a lieu tous les ans. À la même date, précisément. Comme quoi, quand on veut être ponctuel, il y a moyen de s'arranger, chez les gros fêtards. Par contre, quand il s'agit de pointer à 7 h 45 au boulot pour le petit déjeuner d'équipe, bizarrement, il n'y a plus personne.

Donc, la soirée du Nouvel An. Mais quelle horreur ! Vous voyez dans quel état ça met les gens de savoir qu'ils ne travaillent pas le lendemain ? Ils boivent en abondance (de l'alcool), parfois même ils fument (de la drogue), voire sniffent (de la drogue également), et dansent (mal) dans des F2, collés les uns aux autres jusqu'à ce qu'ils se rendent compte qu'il est déjà 2 h 34 et que le premier des 365 nouveaux jours semble en tout point identique aux trente berges passées.

C'est exactement ce qui est arrivé à mon cousin, un soir de 2013. Je vous parle d'un temps que les gens qui volent la carte bleue de leurs parents pour acheter des *skins* sur Fortnite ne peuvent pas connaître.

L'histoire commence un 31 décembre. À 8 h 12, pour être précis. Je suis au travail et c'est déjà le septième appel que j'ignore de mon cousin Pavel. Pavel, il pourrait être super sympa, sauf qu'il a un sacré défaut : il est tout le temps à sec. J'ai rarement vu ça, jamais un euro sur lui. Son banquier l'appelle une fois par mois pour savoir s'il est toujours en vie tellement il n'y a aucune activité sur son compte courant.

Huitième appel, je décroche : « Oui ? Qu'est-ce qu'il y a ? Dépêche, je rentre en réunion ». C'était faux. Comme souvent les 31 décembre, je suis seul au bureau. « Ouais, je me disais, p'tet t'as un plan pour ce soir ? Moi, j'ai rien de foufou et en plus c'est une soirée en boîte, 23 euros l'entrée, sans conso, la flemme. »

Voilà. En 5 secondes, Pavel s'est mieux résumé qu'un Curriculum Vitae (si tu as fait anglais LV1, elle est pour toi, celle-là). Gratteur, pince et paresseux. Il est hors de question qu'il vienne à la soirée organisée par mes anciens amis d'école de commerce. Ce sont nos retrouvailles. On va tous se jauger et comparer nos réussites. Si je ramène mon cousin là-dedans, on risque de vivre en live une séquence digne de Malaise TV. Fouillant dans mon répertoire des mensonges les plus crédibles, j'extrais un petit trésor : « Non, rien non plus. En plus, j'ai super mal à un genou, donc ce soir, c'est repos. » 1-0. Balle au centre. « Ah ouais, c'est marrant, parce que je viens de croiser ta pote Perrine, qui m'a dit qu'elle t'avait invité à sa soirée du 31 et que j'avais qu'à venir, parce que, je la cite : "La famille c'est important." T'en penses quoi ? »

2-1 pour lui finalement. Vous vous rendez compte de la perfidie de cet homme ? Me laisser m'engluer dans un mensonge pour finalement me regarder me débattre afin de ne pas couler sous le poids de la gêne et du manque de respect aux liens du sang. C'est fou. Sans parler du fait qu'on paye 1 550 euros par mois pour vivre dans une ville aux 2,2 millions d'habitants, mais que ça n'empêche pas deux personnes que je connais de se rencontrer par hasard dans Paris le seul jour de l'année où ils ne doivent surtout pas le faire.

Ellipse temporelle. Il est 22 h 15 et nous voilà à la soirée de Perrine. Quelle ambiance ! Elle a mis les petits plats dans les grands, dis donc. Trois paquets de Curly, quatre pizzas surgelées et c'est tout ! Hormis les chips préférées des gens qui adorent lécher leurs doigts et les frisbees *italian fake* de chez Picard, toute ingurgitation doit désormais être liquide. Pavel est beaucoup plus content d'être là que moi, comme en témoigne son incessant

« yesssaye » qui sent bon les aides au retour à l'emploi.

Quand je discute avec mes anciens camarades de promo, je me rends compte d'une chose : ils ne sont pas heureux. La plupart souhaite se reconvertir dans quelque chose de plus authentique. On dirait que personne dans la pièce n'a lu cette phrase qui a un jour changé mon existence : « Choisissez un travail que vous aimez et vous n'aurez pas à travailler un seul jour de votre vie. » C'est de Confucius. Ou de Stakhanov, je ne sais plus. Leur délire à tous de vouloir retourner à des métiers manuels me fait bien rire. À quel moment que c'est devenu *trendy* d'avoir mal au dos et des difficultés à se nourrir ? Si on commence à payer des écoles de commerce pour finir plombier ou cordonnier, on a qu'à directement intégrer un cursus pro dès la troisième section de maternelle, ça nous fera gagner un temps fou à tous.

Pavel, il est tranquille. Il ne comprend rien à ce qu'on dit, mais il a vite capté que la cuisine était remplie de bouteilles d'alcool et que tout le monde était trop occupé à se plaindre de la conjoncture économique pour se mettre le foie au long-bouillon. Alors il commence à se servir sans modération dans un gobelet en plastique. Une fois son breuvage avalé (en une gorgée), il en éclate le contenant sur le front de Tristan, tout en répétant son « yessaye » qui me renvoie immédiatement aux heures les plus sombres des *sittings* organisés par les terminales L devant le lycée. Une demi-échauffourée plus tard, mon cousin coupe la sono et, par conséquent, le refrain de *Wake me up* d'Avicii pour monter sur la seule chaise présente dans ce salon affreusement vide de décorations et de sens, et hurler : « HEY ! DANS QUATRE MINUTES, IL EST MINUIT ! »

Il fait très froid d'un coup d'un seul tant le vent que vient de se prendre le sociétaire de Pôle Emploi est violent. Que ce soit dans son approche B2B ou B2C, mon cousin a une énorme marge de progression, on dirait. Pour vous donner un exemple assez parlant, Émeline a levé les yeux au ciel tout en s'efforçant de monter ses sourcils le plus haut possible. Si le dédain avait un visage, ce pourrait être celui-là. Essayez de reproduire ce faciès chez vous, devant un miroir. Le sentiment d'auto-humiliation est saisissant. Bien qu'Émeline, Perrine, Justine ou n'importe quelle fille en « ine » de la soirée l'ignore, ce n'est pas ça qui va décourager le fruit de cette branche (pas si) éloignée de mon arbre généalogique. Monsieur décide, dans un élan gainsbouresque, de brûler un chéquier qu'il a « trouvé » dans l'attaché-case d'un convive, tout en vociférant contre le capitalisme qui déchire les nations et les peuples. Dans la forme, il y a quelque chose qui se rapproche de l'hommage pour l'homme à tête de chou mais, dans le fond, sa diatribe agace tout le monde et je me sens obligé de le saisir par le colbac pour lui administrer une soufflante digne des plus grands CPE de l'histoire.

Pas désarçonné pour un sou (qu'il n'a toujours pas, ndlr), il entame un « 5, 4, 3, 2, 1, bonne année » qui se dilue dans le hourra général et dans toutes les banalités évoquées lors du premier paragraphe de ce chapitre. C'est catastrophique. C'est marrant, cette façon qu'ont les gens de se faire comprendre qu'ils ne souhaitent pas se faire la bise. Ils se retrouvent face à face et leurs regards semblent vouloir dire : « On est vraiment obligés de faire ça ? De toute façon, on hésite depuis déjà trop de temps, arrêtons ce malaise et posons nos lèvres sur les joues de l'autre sans trop réfléchir, ça ira plus vite. »

Minuit 12. J'en ai marre, je veux rentrer. Mais Pavel me dit de rester. Ce grand pêcheur devant l'éternel sent qu'il a une touche avec Perrine. C'est un peu comme si un évadé de prison accédait au poste de Directeur Général d'Auchan sans même être membre de la famille Mulliez. Im-po-ssible. Parce qu'il sait si bien me faire culpabiliser sur mon manquement aux obligations familiales, j'accepte de prolonger cette soirée extraordinairement ordinaire. Je ne sais pas si vous le savez, mais j'ai été un petit hacker par le passé. Je maîtrisais tous les raccourcis MSN et avais ma petite communauté Skyblog. C'est donc non sans mal que je me suis connecté au Wi-fi de la tenancière des lieux en décollant la petite étiquette collée derrière sa box. Désormais relié au monde 2.0, je reprends mes *reportings* et les *uploade* depuis les toilettes de l'appartement. Quitte à s'ennuyer, autant bosser et envoyer son R.O.I en orbite dès les premières minutes de 2k14. De l'autre côté de la porte, la fête bat son plein.

Minuit 50. J'ai terminé mon boulot. Je me dis que c'est un bon moment pour m'éclipser et ramasser Monsieur Yessaye, que l'ivresse doit déjà avoir couché sur le sol en tommettes de la cuisine. Quelle n'est pas ma surprise de voir Pavel sur le canapé, embrassant fougueusement Perrine comme si c'était un CDI. J'avoue être un peu interloqué. Quand deux mondes si opposés se rencontrent, ça donne un spectacle ahurissant. Leur baiser endiablé ressemble au symbole du yin et du yang. C'est incompréhensible à première vue. Pareil à la deuxième. Et à la troisième, on abandonne. Devant cet amour naissant, je décide de prendre la poudre d'escampette. Demain, on est le 1er janvier, dans certains pays, ce n'est pas un jour férié (la chance) et il faut que j'en profite pour créer de nouveaux partenariats. Ma veste récupérée parmi l'amoncellement de manteaux posés sur le lit de l'hôte, je rase les murs et m'enfuis vers le Uber commandé sept minutes plus tôt. Cette année 2014 peut enfin commencer.

Vous vous demandez si Perrine et Pavel ont conclu leur début d'idylle ? Évidemment que non, parce que la vie, c'est pas *La Belle et la Bête*. Quand elle lui a demandé ce qu'il faisait dans la vie et qu'il lui a répondu en bégayant, disons qu'elle a eu un doute. Puis elle n'en a plus eu aucun quand elle a senti ce jeune chômeur tenter de lui subtiliser une gourmette qui avait, selon les dires de la jeune demoiselle, une énorme valeur sentimentale. Mis dehors *manu militari* (par un mec qui s'appelle Manu, en plus, comme quoi, le mektoub est taquin), il a ensuite erré dans les rues de Paris à la recherche d'un destin et d'une cigarette. C'est donc au beau milieu de la nuit, encore saoul, qu'il a saisi son téléphone pour me passer un coup de fil : « Walter, mon cousin, ça va ? Écoute, faut qu'j'trouve un travail. Et crois-moi, j'vais le faire ! J'en ai marre que les gens me manquent de respect. J'suis pas une merde, t'entends ? T'es mon sang, on doit se soutenir, on doit se dire qu'on s'aime, même si on est différent, on a quand même un peu grandi ensemble, hein ? Tu t'souviens comment Mamie elle nous punissait quand on arrachait ses géraniums ? Ah, c'était cool, ça. Toutes ces vacances passées à jouer dans le champ derrière chez elle. J'y repense, à tous ces souvenirs… On piquait les vélos du voisin, on rigolait bien. Ou les fois où on dormait dans le grand lit tous les deux. Et qu'on parlait jusqu'à ce qu'on tombe de fatigue, ça me manque parfois, tu sais…

Ah, d'ailleurs, en parlant de pioncer, c'est quoi ton adr... »

Plus de batterie.

Yessaye.

Moralité : oubliez les fêtes ratées, les embrassades décevantes et les champagnes éventés. Souvenez-vous qu'il ne sert strictement à rien de prononcer ses vœux en *one-to-one*. Pourquoi gaspiller de la salive quand la technologie nous propose une solution divinement plus efficace portant le doux nom de « courriel électronique », ou « mail » pour les franglophones. Dans nos métiers, on en envoie en moyenne plus de 200 par jour (cc non inclus). Mais c'est peut-être celui du 1er janvier le plus important. Parce qu'il donne le ton des 52 semaines à venir. Petite astuce *made in* Walter : envoyez un mail à 00 h 01, avec une photo de vous devant votre ordinateur (si possible devant Excel). Agrémentez-le d'un texte savamment passif-agressif. Souhaitez une bonne fin de soirée et une bonne année à vos collègues, sans oublier de préciser que vous êtes déjà à fond dans ce nouveau Q1 qui s'annonce tellement challengeant et passionnant. Concluez évidemment en donnant rendez-vous au lendemain matin.

Cette année commence à peine, qu'elle est déjà réussie.

Comment gérer la satanique journée du dimanche ?

TEMPS 1 : LE MATIN

Selon la Bible, Dieu s'est reposé le septième jour. Je ne vais pas commencer à supposer que c'est un feignant, parce qu'il ne faut jamais dire du mal d'un chef d'entreprise. Et qu'on sait jamais, je pourrais bientôt postuler dans sa firme, étant donné les risques que je prends au quotidien pour assouvir mon ambition.

N'empêche que, s'il avait bien voulu aller au turbin le premier dimanche de tous les temps, on aurait peut-être un peu moins de problèmes (famines, pandémie, guerres ou encore chauffeur VTC qui annule la course au dernier moment). Et surtout, on ne se poserait pas la sempiternelle question qui angoisse tout le monde : « Qu'est-ce qu'on va faire de ce dimanche ? »

Le constat est terrible mais réel : il n'y a absolument rien à faire. Rien. Un petit déjeuner devant *Automoto* ? Je crois que nous ne sommes plus en 1997 depuis plus de 25 ans. Prendre un bol de céréales devant Twitch ou la dernière vidéo de McFly et Carlito ? Non, merci, si je veux donner de la force à deux mecs qui hurlent puis se font des câlins, je n'ai qu'à offrir de quoi manger aux deux SDF en bas de chez moi. Et niveau charité, je suis plus Bezos que Coluche, donc bon. Pour ne pas déprimer (devant) *Le Jour du Seigneur*, il faut sortir de chez soi. Ouvrir une porte vers l'inconnu, vers les autres. Qui s'ennuient tout autant.

Une fois dehors, qu'il vente, qu'il pleuve ou qu'il neige, vous n'avez toujours pas la réponse à la question qui vous anime en permanence : « On fait quoi ? »

Aller bruncher dans un endroit *trendy* ? Déjà que je ne supporte pas mes collègues du lundi au vendredi (j'ai la chance de télétravailler le samedi), ce n'est pas pour les voir s'extasier le dimanche midi devant un œuf Bénédicte avec deux tranches de bacon. Chers lecteurs, avez-vous déjà testé un resto Instagram ? En gros, vous payez très cher pour un plat de « restes-de-frigo ». Vous êtes assis sur des chaises dignes de n'importe quelle école maternelle Jacques Prévert et votre voisin de table est quasiment assis sur vos genoux tellement les clients sont entassés. Et, évidemment, tout le monde se nourrit avec un appétit démesuré, à la manière de poissons mangeurs de peaux mortes autour d'un pied fatigué après une longue marche d'été.

L'important n'est surtout pas d'apprécier les saveurs du repas que l'on vous sert, sinon d'en parler sur les réseaux sociaux. 21 euros et un burger fourre-tout plus tard, vous voilà satisfaits de vos trente-quatre likes et douze commentaires. Mention spéciale à Julien qui a répondu à votre story par un « Yummy » aussi rapide que malaisant. Surtout quand on sait que cet homme approche tout doucement les 38 ans.

Certains diront qu'un bon sandwich dans un endroit sympatoche est également une solution. Mais qu'est-ce qu'un endroit sympatoche aujourd'hui ? Les plus grandes places de chaque ville sont prises d'assaut par des skateurs dont le seul palmarès consiste à rentrer chez eux avec leurs deux chevilles fonctionnelles. Des ollies, des 360, des 180, des goofies, des regulars, ils ont inventé leur propre vocabulaire et, rien que pour ça, on peut les féliciter. Dommage que plus personne ne l'utilise depuis *Tony Hawk's Pro Skater 2*, dont la sortie a scellé à tout jamais l'âge d'or de la planche à roulettes. Trois mois après, c'était terminé. Roulez jeunesse.

On pourrait penser au parc et autres squares, mais bon. Les enfants y courent partout, sans faire attention devant eux. Ils sont quand même un peu ingrats, les mômes. Je suis prélevé à la source tous les mois pour que chaque gamin de ce pays puisse étudier dans des infrastructures décentes et c'est comme ça que l'on me remercie. En me jetant une pomme de pin sur le dos ? En mangeant un ver de terre devant moi ? En hurlant parce que sa mère refuse de lui céder son dernier caprice (comme ne marcher qu'avec une seule chaussure, dans la boue) ? On devrait les éduquer en leur rappelant chaque matin combien ils coûtent à la société. Ça les responsabiliserait. Et ça serait un juste retour des choses pour les 33,7 % de mon salaire que l'État me retire chaque fin de mois…

Reste les berges. Avez-vous remarqué que toutes les grandes villes étaient traversées par des fleuves ? Cela date de l'époque où les échanges nationaux et internationaux se faisaient par bateau. Et, de fait, les petits entrepreneurs de l'époque commerçaient près des points d'eau. Ça troquait des poissons contre des épices. C'était vraiment la base de la base, le niveau zéro du business. Si je pouvais remonter dans le temps, j'irais à l'époque des Gaulois pour leur expliquer la différence entre *software* et *hardware*. Deux mille ans plus tard, je peux vous assurer que Vercingétorix serait une sorte de légende vivante du Canada jusqu'en Australie. On se laisserait encore pousser la moustache sur quinze centimètres et la Terre entière viendrait en pèlerinage en Auvergne pour comprendre le génie marketing du peuple arverne. Mais bon, malheureusement, je n'ai pas la faculté de Hiro Nakamura.

En attendant, il est bientôt l'heure de déjeuner et vous n'avez absolument rien fait de votre matinée, on dirait des stagiaires de troisième.

TEMPS 2 : L'APRÈS-MIDI

Aaaah. Votre ventre est enfin plein. Entre le Burger King et le McDo, votre cœur a tranché pour le menu McFirst poulet. Rapide et efficace. Toutes mes félicitations. Une accalmie culinaire de très courte durée dans la brume d'ennui de ce début d'après-midi dominical.

Horreur. Vous allez alors commettre l'irréparable. Envoyer un « tu fais quoi ? » à l'un de vos amis. Et lui (ou elle, c'est toujours bon de préciser pour éviter un procès) va faire une grossière erreur également : vous répondre. Dans les vingt minutes, vous voilà à claquer la bise ou à checker du coude (selon votre virage de sortie de pandémie). Pire, il faut désormais lancer la discussion avec quelqu'un qui, rappelons-le, ne vous avait pas du tout sollicité avant que vous ne le fassiez.

Dans votre malheur, ayez au moins le réflexe de contacter uniquement une connaissance sans bébé. Sinon, vous ne pourrez pas échapper aux photos légendées oralement d'un « là, il a tenu sa cuillère tout seul » ou encore « là, regarde, il a fait deux pas sans tenir la main de son papa » (cliché pour lequel toute critique négative est l'équivalent d'une demande d'augmentation par un employé en CDD, à savoir inenvisageable).

Vous me jugez fou de m'investir dans mon travail avec tant d'énergie et de dévotion ? Vous pensez que les Français ont d'autres préoccupations ? Alors pourquoi quand les gens se rencontrent ou s'ennuient, ils parlent du seul sujet qui nous unit tous : le boulot ?

Wow. Après cinquante-trois minutes de parlotte que l'histoire rangera dans le dossier « inutile » de son Cloud, la météo vient vous aider. Eh oui, on est dimanche et, comme chaque dimanche en France, à 17 heures, il pleut. Chose notable au XXIe siècle, la pluie fait encore rentrer les gens chez eux. C'est un peu comme si le Seigneur nous poussait à arrêter le massacre. Merci, mon Dieu, pour ces douces gouttes qui refroidissent nos futiles ardeurs ! Si j'étais lui, j'opterais carrément pour une mousson digne de celle que chantait Tokio Hotel. Oui, chers lecteurs, plus jeune, je me suis lissé les cheveux pour ressembler à Bill Kaulitz. Quelle année dangereuse pour un adolescent, cette cuvée 2005. Pour ma défense, je n'avais pas conscience que ces jeunes hommes étaient nés en Allemagne de l'Est. Et si je l'avais su, croyez-moi que j'aurais rejeté tout de go ces marmots biberonnés au communisme. Vous saviez, vous, que Tom, le guitariste et frère jumeau du chanteur, était marié aujourd'hui à Heidi Klum, la mannequin qui avait épousé Seal ? Décidément, ce livre fourmille d'anecdotes idéales pour briller lors de votre prochain *workshop* avec une agence spécialisée dans le CRM.

17 h 30. Vous voilà donc de retour chez vous. Tiens, tiens, tiens, un ordinateur ouvert. Un site internet étroit et obscur. Sur la page, plusieurs *widgets* pornos sont ouverts, d'où nous parviennent des images de positions humaines physiques, qui, en ce lieu, paraissent irréelles. La tentation est grande, en cette fin de semaine, de s'octroyer un petit plaisir solitaire. Vous pensez que c'est une perte de temps ? Doucement, jeunes padawans, vous allez

trop vite dans votre réflexion. Si, au départ, je visualisais la masturbation comme un moment de débauche et de tristesse, je suis petit à petit arrivé à la conclusion qu'il n'y a pas de sexe plus entrepreneurial que le *five-fingers*. On croit en soi, on se chérit et on se tire vers le haut. On ne compte sur personne d'autre pour se lancer et le résultat final ne dépend que de nous. Elle est aussi là, la *start-up nation*.

Et hop, c'est parti. Vous tapez votre petit péché mignon dans la barre de recherche. C'est parfois un nom d'acteur ou d'actrice. Parfois un adjectif qualificatif. Parfois même un âge ou une ethnie. C'est exactement comme quand nos managers trient les CV sauf qu'eux ne s'en vantent pas sur tous les toits. Ce qui m'a toujours impressionné, c'est que, malgré le double milliard de films X qui existent sur l'Internet Data Base, on arrive quand même à se détendre sur la même pellicule plusieurs fois. La si bien nommée *fucking* zone de confort. Quatre minutes plus tard, après s'être bien crispé les orteils, vos idées sont beaucoup plus claires. Vous libérez de l'espace de stockage et cette machine de précision qu'est le corps humain repart comme en 46, selon l'expression rendue populaire par le philosophe Housni Mkouboi.

Apaisé par un aller-retour au Nirvana aussi intense que plaisant (note pour moi-même : il faut vraiment qu'on se penche sur le CTR de xhamster.com), vous êtes alors dans d'excellentes conditions pour laisser le bonheur vous embrasser. Et ce bonheur, il a une chanson, que dis-je, un hymne ! Que malheureusement la forme littéraire de mon œuvre m'empêche de vous retranscrire de la manière la plus fidèle. Ça donnerait un truc comme : « Tiiiii. Tiiin, Tin nin nin nin. Tu, tu lu tuuuut ! »

Vous l'aurez, je pense, reconnu : il s'agit du générique de *Sept à huit*, sur TF1. Le simple fredonnement de ce jingle me donne envie de danser. Ce n'est pas tant l'émission en elle-même que j'apprécie, même si je reviendrai plus tard sur la séquence du portrait, techniquement fascinante. Ce qui me plaît dans le miel auditif qu'est cette musique iconique, c'est son message implicite qui déclenche un bonheur illimité dans mon cerveau : le week-end est bientôt fini. L'émission commence en même temps que le dimanche entame sa dernière ligne droite. Enfin ! Décidément, Harry Roselmack porte très bien le prénom d'un ami qui nous veut vraiment du bien (quel beau gosse).

Chose promise il y a une cinquantaine de mots, chose due. Le principe du portrait de *Sept à huit*, c'est de mettre en lumière et dans un cadre intimiste un invité qui fait l'actu. Face caméra, une star censée se livrer comme rarement. Pour ce qui est de la nature de cette star, mieux vaut ne pas prévoir un moment sympa devant la télé. Parce que, certes, parfois, on a un acteur en vogue du cinéma français qui vient réciter ce que son *media trainer* lui a appris il y a dix jours (une petite blague de sa part et on apprécie encore plus cette fin de semaine) mais, une fois sur deux, c'est la mère d'un enfant disparu ou le veuf d'une femme assassinée. Pour peu qu'on ait passé un dimanche un peu morose, ça finit de nous foutre le moral dans les chaussettes.

On peut néanmoins reconnaître que cette case s'est installée dans le très haut gotha des interviews qu'il faut avoir faites dans sa vie, lorsque l'on prétend être une célébrité. La quatrième de couv de *Libé* (ça me fait mal de le dire, quand on connaît l'aptitude qu'a ce canard pour encenser les grévistes de tous bords), la *Boîte à questions* de Canal + (« Aaaaouh », j'adore), le canapé rouge de Drucker (ne meurs pas avant la sortie de ce livre, Michel, continue sur ta lancée et ne me foire pas ma promo. Peut-être avec toi ?), le *Fast&Curious* de Konbini (et son désormais classique « Steve Jobs vs *blowjobs* ») et donc mon petit *Sept à huit*. Voilà. Je ne vais pas non plus passer plus de temps à encenser un *show* dont le titre réside dans un horaire de diffusion établi et qui commence en réalité à 18 h 15. Ah, la France !

19 h 40, le (vraiment très) bel Harry vous remercie de votre fidélité et quelque chose a changé en vous. Oui, ça y est. Vous en avez assez de faire semblant. Une journée foutue en l'air à devoir entretenir des relations non professionnelles, à quoi bon ?

À aller voir dehors si vous y étiez, à vous rendre inerte sur un canapé ? Comme les doigts de Patrick Bruel avant de se faire masser, vous craquez. Tel le *workaholic* que vous êtes, vous ressentez les effets de l'addiction et vous approchez de votre ordinateur, mais cette fois-ci pour un plaisir beaucoup plus grand. En deux raccourcis clavier, que vous pourriez taper les yeux fermés, vous voilà face à vos mails... Le sourire pointe sur votre visage et vos cils frissonnent.

Vous la conceptualisez, cette petite boule au ventre à la lecture d'un scud envoyé par votre manager ? Vous la ressentez, cette adrénaline grandissante en vous imaginant le regard baissé face à votre N+1 dès demain matin ? Vous la vivez, cette insomnie qui vous gagne au fur et à mesure que la nuit avance ?

Toutes ces émotions qui vous traversent, c'est aussi ça, la fibre du travail. C'est pour tous ces moments si précieux que j'adore mon job et que je n'impose aucune limite à mon ambition.

Cette angoisse naissante, c'est la fin du week-end.

C'est enfin le début du bonheur.

Comment bien réussir son départ d'une entreprise ?

Voilàààà, c'est fini, comme le fredonnait Jean-Louis Aubert. Les ruptures sont ce qu'elles sont : la fin d'un amour et, parfois, le début d'un autre. Et ne croyez pas qu'une séparation entre collaborateurs doit être forcément dénuée de poésie ! Ne dit-on pas que « Jennifer a décidé de rejoindre une nouvelle aventure » ? Formulation qui s'adapte à absolument tous les contextes, quand on y pense. Nouveau mec, déménagement ou même, pour les plus audacieux, cancer foudroyant. Il suffit d'un petit peu d'optimisme. Comme disent les Américains : « Si la vie me donne des citrons, j'en ferai de la limonade. » Ils sont tellement géniaux, ces Américains. C'est juste dommage qu'ils aient tous des pistolets et que se faire hospitaliser là-bas coûte 10 000 dollars en moyenne. Ce qui fait cher le *suture point*.

Alors comme ça, on souhaite déjà quitter son entreprise ? Mais pour quoi faire ? Hein, pourquoi partir ? Êtes-vous sûrs et certains d'en sortir gagnant ? Rassurez-moi, vous n'allez quand même pas tout balancer pour faire de l'humanitaire ?

Le premier qui me dit « il n'y a pas que l'argent dans la vie » peut tout de suite fermer ce livre et aller expliquer cette théorie à son conseiller bancaire. Allez-y, je vous regarde. On va bien rigoler quand ce dernier va couper votre carte bleue avec ses dents sous le coup de la colère. Mais je vais faire l'effort de pénétrer votre monde dystopique dans lequel le flouze n'existe pas. Et considérer que la seule valeur importante à prendre en compte lors d'un départ pour un nouveau job, c'est la relation qui vous unit à vos collègues, mais avant tout amis.

Certes, il y a parfois de la délation. Des coups de gueule et des mails incendiaires. De l'animosité. De la concurrence. Des petits coups de péripatéticienne. Mais pour combien de cafés partagés ensemble ? Combien de croissants au petit déjeuner hebdomadaire le vendredi ? Combien de fous rires en repensant au Q3 dont on pensait les KPI inatteignables ? De déplacements professionnels chez le client ? N'oubliez pas les bons moments.

Cette mélancolie s'illustre si fortement lors des pots de départ. Je préfère me rendre à l'enterrement de ma voisine, morte sous mes yeux, écrasée par un bus scolaire rempli d'enfants en larmes et effarés par l'impuissance du chauffeur qui enchaîne les manœuvres pour essayer de dégager l'énorme pneumatique avant droit de la cage thoracique aplatie de la pauvre dame, plutôt que devoir aller à un nouveau pot de départ. C'est beaucoup, beaucoup trop triste.

Un pot de départ, c'est un piège pour ceux qui y vont comme pour celui ou celle qui l'organise. Quand mon ancien collaborateur Kévin planifie son pot de départ en mars 2018, après cinq ans de bons et loyaux services, il convie tout le monde à l'événement *via* Facebook. Soixante invités.

Quarante et un ont mis « participe ». Dix-huit ont mis « ne peux pas », et un seul a mis « peut-être » : moi. Parce que ne pas dévoiler son jeu est la base de toute stratégie business.

Devinez quel est le lieu du rendez-vous pour la teuf ? Oh, quelle surprise ! Dans le bar qui colle l'entreprise et dans lequel tous les employés en manque d'*afterwork* se retrouvent tous les jeudis de chaque semaine. Ça aurait été bête de marquer le coup en faisant quelque chose de différent, Kév'. La moitié des salaires de la boîte y sont versés, à tel point que je ne serais pas étonné d'apprendre que le tenancier est de mèche avec notre *big* boss. Sur les quarante et un supposés participants, seulement dix-sept sont finalement venus. Pas énorme. Cette épidémie de gastro-entérite aussi inattendue que contagieuse dont tout le monde parle dans les textos d'excuse, ça a vraiment l'air d'être une sale histoire. À moins que ce soit le match retour du PSG à Barcelone en ligue des champions programmé le même soir (simple formalité après le 4-0 à l'aller) qui séduit plus que le pot de départ de Vin-ké, 30 ans, mais déjà une calvitie Premium. Il est encore persuadé que personne ne se rend compte qu'il souffre d'alopécie, bien que tout le monde regarde alternativement entre ses yeux et son haut-de-front quand on discute avec lui. Tes quinze petits cheveux plaqués sur le sommet de ton crâne ne trompent personne, mon ami.

Tu te convaincs toi-même que tout va bien. Comme Jérôme Kerviel deux heures avant que son N+1 lui envoie un mail ayant pour objet : « C'EST QUOI, ÇA ? »

Je me suis finalement rendu sur les lieux de festivités, après avoir répondu à mon dernier mail de la journée (c'était pas loin, tant mieux, j'ai pu m'avancer au maximum). J'ai raté les premiers verres offerts à « P'tit Kév' ». Mais vu l'état du jeune homme à mon arrivée, je ne suis pas sûr que les pintes en question puissent être véritablement considérées comme des cadeaux. Je comptabilise cinq verres vides près du héros du soir quand il avance avec la grâce d'un ours vers moi pour me hurler dans le creux de l'oreille : « Waaah, mec, ça me fait vraiment trop plaisir que tu sois *hoquet* venu, parce tu *hoquet*, pardon, tu vois, et même si pas beaucoup de gens dans l'entepri... dans l'enrtepri... même si personne dit que t'es un mec bien, moi je sais que *hoquet*, dans le fond, toi *il tente de me performer la poitrine avec son index à plusieurs reprises*, toi..., toi... toi, t'es un mec bien ! »

Il recule sa tête d'une vingtaine de centimètres et, en étudiant le rictus figé sur son visage, je ne sais pas s'il veut m'embrasser ou s'il a entamé un AVC. Il reste immobile. Pas un sourire, pas un clignement d'œil. Les secondes s'écoulent et toujours pas un mouvement de sourcil chez Drunk Kév'. J'ai l'impression d'être Méduse (la déesse, pas l'animal dont il faut uriner sur la brûlure pour soulager la douleur) face à un homme qui la trouve belle. Je suis confus, mais je pense que je vais devoir lui expliquer que je n'ai pas envie de briser notre amitié, exactement ce que Coline m'avait dit en cinquième B. Et franchement, ça avait été bien efficace.

Lorsque j'ouvre la bouche pour en faire sortir mon excuse kiss-bloc, je suis stoppé dans mon élan par un salvateur « les cadeaux, les cadeaux ! » venu de derrière lui. Vu comment mon futur éconduit se retourne vers le reste du groupe, j'en conclus qu'il n'avait aucune envie de mélanger nos ADN, mais que l'alcool ingurgité l'avait simplement mis en *stand-by*. Et à voir comment il accepte une sixième bière tout en découvrant les paquets, la pause semble bel et bien terminée. Pendant ce temps, le bar diffuse le match, le PSG est à dix minutes de se qualifier et la joie provoquée par cette performance ne fera que rajouter un peu de folie à la fête que 50 % des convives souhaitent quitter ; la politesse qui les habite fait qu'ils attendent au moins le moment des K-do (écriture de 1996) pour s'éclipser.

Je souhaite vous le rappeler, chers lecteurs souffrant d'Alzheimer, que Big Kév' facture cinq années dans l'entreprise. Sa démission (quelle honte) fait qu'il ne part avec absolument rien, si ce n'est le minimum légal. Il serait donc cavalier de le remercier pour tous ces trimestres passés avec nous à travers la valeur des cadeaux, pour contrebalancer un peu.

Lol.

Il ouvre d'abord une enveloppe qui renferme une carte sur laquelle chacun a écrit un petit mot. Certains économes ont co-signé leur dédicace. D'autres ont fait un simple dessin. Pour ma part, j'ai juste reproduit ma propre signature, expliquant par la suite à Kévin que cet insignifiant document va indéniablement prendre de la valeur tout au long de ma carrière.

Par la suite, celui à qui je m'apprêtais à mettre un stop il y a encore quelques minutes se voit remettre un gros carton de 50 x 30 x 10 centimètres. Depuis le temps qu'il ennuie tout son monde avec son rêve d'avoir une PlayStation 4… Eh bien, il va pouvoir continuer ! Parce qu'une fois le papier cadeau arraché sous le coup de l'excitation, nulle présence d'un logo Sony. En revanche, on reconnaît bien le « Z » de Zara. Et c'est vrai qu'elle est jolie, cette grosse doudoune noire ! Oui, parce qu'il l'a essayée sur place, sous les encouragements de Judith, qui a *leadé* l'organisation de la cagnotte Leetchi. Une collecte qui a quand même atteint la coquette somme de, accrochez-vous, 170 euros ! Quand je dis « *leadé* », j'entends par là qu'elle a relancé les gens tous les deux jours pour qu'ils participent (« allez, on n'oublie pas la cagnoooootte, ça prend qu'une minute et c'est fait, thx »). Vêtu de son gros manteau d'hiver, Bibendum Kév' lève les yeux vers la télé et voit, comme nous, le Barça marquer un sixième but synonyme d'élimination humiliante pour les joueurs parisiens.

Vous avais-je dit que Monsieur K était fan du PSG ? Fan du style à aller toutes les semaines au stade par le passé. Fan du style à avoir un petit tatouage « Pauleta 9 » derrière l'omoplate. Fan du style à avoir déjà quitté son ex parce qu'elle lui avait proposé un week-end à Marseille. Et ce soir, il s'est dit que ça allait passer les doigts dans le nez pour son club. Mauvais orifice, le K ! Prostré sur son siège, abasourdi, il ne se rend même pas compte que tout le monde a profité de son effroi pour tailler la route. Il commande deux bières. Sans pour autant avoir envie d'en donner une à qui que ce soit. Je le saisis par les épaules. Parce que je veux remotiver cet élément que je vois en détresse et que c'est mon rôle de (j'espère) futur manager que de savoir *pusher*, inspirer et stimuler les autres. Je lui tape dans le dos. Pour être transparent avec vous, chers lecteurs, sa réaction n'est pas celle que j'espérais.

Au moment exact où la paume de ma main vient heurter sa colonne vertébrale, un processus se met en marche pour se conclure dans la foulée par l'expulsion d'environ deux litres de Kronenbourg par la bouche de Kév'ivre. Tout le jet se déverse sur le sol d'un lieu qui n'en avait pas nécessairement besoin pour être hygiéniquement limite-limite. Pas très diverti par ce spectacle, je décide de prendre moi aussi la poudre d'escampette. Surtout quand je vois mes chaussures en cuir esquiver de quelques millimètres ce blond tsunami. C'est la dernière fois qu'on a vu notre Kévin. Selon les rumeurs (et les vidéos tournées par les autres clients du bar), il se serait levé pour s'excuser, puis aurait immédiatement glissé de tout son long sur le matelas liquide qu'il avait lui-même créé deux minutes auparavant. Pas sûr que la RH lui ait par la suite proposé de revenir faire un peu de *free* pour la boîte.

Pourtant, quand on y réfléchit (mais encore une fois, il faut se donner la peine), il y a une façon parfaite de sortir par la grande porte : vous voulez la lire ? Sautez vite une ligne, alors. #StraightToThePoint #NoBullshitPolicy

Je vous recommande ardemment de prévoir votre grand départ en écrivant des lettres de recommandation pour chacun de vos collaborateurs. Soyez le plus honnête possible : décrivez leurs qualités, mais n'oubliez pas de souligner également tous leurs défauts. Et ces lettres, qu'allez-vous en faire ? Leur remettre ? Non. Pensez plus large ! Envoyez-la à tous les acteurs, tous les concurrents, bref, tout l'écosystème de votre domaine. Ce *reach* absolument fantastique, ce sera du jamais vu pour eux ! C'est, et de loin, la meilleure visibilité que vous pouvez offrir à celles et ceux avec qui vous avez partagé tant de bons et précieux moments.

Imaginez. Imaginez la réaction de ce collègue, mais avant tout ami, qui découvre un mail comprenant votre lettre de recommandation ultra sincère et adressée à des centaines de figures importantes de son environnement professionnel. Quelle joie ! Il en perd les mots. Et en pleure. Il vous cherche, mais vous êtes déjà parti. C'est beau comme une tragédie grecque. Vous pouvez quitter le navire et vous aussi embarquer vers de nouvelles aventures. L'esprit libre, le menton relevé et le regard fier.

Détail important sur lequel j'insiste ; dans la mesure du possible, envoyez votre mail après votre pot de départ. Je l'ai déjà envoyé avant et disons que l'émotion rend parfois les gens agressifs.

Le trop-plein, sans doute. Parlez-en à Kévin.

Comment bien réussir un entretien d'embauche ?

Il n'y a pas mille façons de réussir une *job interview*. Demandez à tous ceux qui se présentent face à un recruteur en parlant de leurs banales carrières et de leurs *hobbies* que sont les voyages et les séries. Tout le monde aime les séries. Et tout le monde aime voyager ! Mais ce n'est pas ça qui va vous faire décrocher un contrat d'embauche digne de ce nom. Alors *fasten seat belt* parce que le trajet vers un entretien réussi commence maintenant. PNC aux portes, armements des toboggans, vérification de la porte opposée.

C'est le jour J. Dans quelques secondes, vous allez être reçus pour THE job. Celui que vous convoitez depuis maintenant cinq mois. Celui pour lequel vous avez souscrit à l'option premium proposée par LinkedIn. Autant dire qu'on ne part pas sur un emploi de saisonnier à l'UCPA du coin. Si vous pensez qu'un entretien, c'est une histoire de chance et de pièces qui tombent du bon ou du mauvais côté, dites-vous que, aujourd'hui, on paie en Bitcoin et que la monnaie ne sert plus qu'à s'acheter la baguette tradition à la boulangerie.

Sur le chemin qui vous mène à votre possible futur manager, votre cerveau est en ébullition. Avez-vous répété votre discours ? Connaissez-vous votre *storytelling* sur le bout des doigts ? Oui ? C'est bien. Mais ça ne sert à rien. Parce que, contrairement à ce que croient les gens, ce n'est pas parce que vous êtes candidats que vous êtes là pour parler de vous. Tiens, je sens que j'ai attisé votre curiosité.

Mettez-vous à la place de celui qui reçoit un postulant. Imaginez deux secondes. Vous discutez avec une douzaine de personnes qui ont toutes les mêmes cursus et dont les seules différences résident dans la coupe de cheveux et la pointure de chaussures. Ça risque d'être long, comme un épisode de *You* (concept scénaristique qui tient sur un épisode, pas sur quatre saisons. Si ce livre arrive jusqu'aux mains des *showrunners*, qu'on les félicite comme il se doit d'avoir vendu une coquille vide à Netflix).

Comme vous vous en doutez, je compte beaucoup de managers dans mon entourage. L'une d'entre eux, Malia, m'a décrit ce à quoi ressemblait un entretien d'embauche, côté recruteur. Ça glace le sang. Un constat, déjà : lorsque quelqu'un organise une journée pour recevoir des postulants, on perd une journée sur son temps de travail. Quarante personnes rencontrées pour une seule retenue, merci la *renta* à *dos* virgule cinq *por ciento*.

Contexte : Malia propose un job pour l'assister et lui faciliter la vie au quotidien. *Reportings, benchmarks*, SWOT et tout le toutim. La base pour n'importe qui ayant fait un minimum d'études. Comme le disait le grand dresseur de lions Jens Jeremies : « Il n'y a pas deux occasions de faire une bonne première impression. » Alors pourquoi à chaque fois que quelqu'un rentre dans un bureau pour se vendre, il commence son speech par une succession d'approximations et de sourires gênés ?

« Bonjour. Oups, là. Héhé, on se sert la main ou... ? Pardon, excusez-moi, j'ai plus trop l'habitude. Je peux m'asseoir ici ? Non, là ? C'est mieux, O.K. ! Haha. »

Mais c'est pas possible, cette mollesse ! Quand vous rentrez dans une pièce pour chambouler votre destin, habitez l'espace, que diantre ! Parlez fort. Complimentez les tableaux ou les photos accrochés au mur. Donnez votre avis sur l'art. Faites quelque chose ! Si seulement j'avais pu coacher les pauvres âmes reçues par Malia, elle aurait eu du mal à choisir entre tous les fauves envoyés ! Non, à la place, elle a reçu la dénommée Fanny. Plus escargot que lion dans son style. Je vous retranscris quelques extraits d'un entretien pénible qu'elle m'a raconté durant un *afterwork* de sa boîte auquel je me suis invité. Et à la manière d'un mail incendiaire, je reprendrai quelques phrases sorties de leur contexte pour identifier une marge de progression et apporter quelques conseils, toujours gratuits (bien que compris dans le prix du livre).

> MALIA : Bonjour, installez-vous. Non, sur cette chaise. Voilà, on sera en face l'une de l'autre, ça sera mieux, non ? Comment allez-vous ?
>
> FANNY : Ça va, merci.

Vous avez senti comme la jeune femme ne relance pas ? Elle adopte une détestable attitude passive, non sans rappeler le personnel qui travaille à l'état civil de chaque mairie de gauche. Elle aurait dû se fendre d'un : « Très bien, et vous ? » C'est comme la sauce tomate dans les pizzas, c'est la base. (Et je ne veux pas entendre parler de crème fraîche. Pourquoi pas une plaquette de beurre aussi, pendant qu'on y est ? Suffit de lire n'importe quel ouvrage d'un gagnant de *Top Chef* pour le savoir.)

MALIA : Dites-moi tout, Fanny, je vous écoute !
FANNY : Alors, j'ai eu mon baccalauréat option...

Vous avez vu, chers lecteurs ? J'ai volontairement coupé ce dialogue parce que, comme vous, la chair de poule a pris ses quartiers sur mon avant-bras. Épargnez-vous la fabuleuse histoire de votre bac. Pourquoi pas le brevet des collèges, tant qu'on y est ! Le saviez-vous ? En France, il est beaucoup plus facile d'avoir le bac que le permis de conduire. Eh oui, c'est aussi ça, la vérité des diplômes qui ne servent à rien : c'est beaucoup plus difficile de savoir faire un rangement en épi ou un démarrage en côte que de maîtriser le principe de suites arithmétiques. Qui plus est, tout votre cursus scolaire est présent sur le document moncvOK_Vdef.pdf que vous avez transmis aux ressources humaines. Apprenez quelque chose de nouveau à la personne qui consacre encore 25 minutes de son temps à vous écouter.

FANNY : Je parle le français, ma langue maternelle. Mais aussi l'anglais et j'ai quelques notions d'espagnol.

O.K., Duolingo ! Désormais, tout le monde a DeepL, donc Fanny, ta licence de LLCE, elle s'évapore comme si Thanos avait claqué des doigts. Et puis, je vous rappelle accessoirement que toute la planète parle la même langue (+1 pour ceux qui ont pensé « l'argent »). Mais d'un point de vue purement idiomatique, chaque Terrien parle le mauvais anglais. C'est ça, la langue internationale. Si je vous dis : « Mi, possibeul tèque yore Wifi ? » vous avez tous saisi le sens de ma requête. C'est même parfois plus utile que le très bon anglais. Combien de gens j'ai perdus avec un élaboré : « *Good evening. I'm sorry to bother you, but I wanted to know if it was possible to access your Internet network for just ten minutes. Thank you very much for your kindness, I would not hesitate to leave a positive review of your restaurant which also seems to be a well-known massage parlor.* » Les profs d'anglais peuvent se mettre en grève dès demain si ce que je vais dire dérange mais, dans le monde actuel, une heure par semaine suffit largement pour atteindre un niveau compréhensible par n'importe quel adulte doté d'au moins une oreille.

MALIA : Très bien, Fanny. Quoi d'autre ?
FANNY : Lors de mon passage chez *nom d'entreprise sans importance*, j'ai pu acquérir des connaissances profondes en...

Si vous êtes bien la cible à laquelle je pense lorsque j'écris ces mots, vous devrez à ce moment précis avoir noté deux choses. Premièrement, le talent de comédienne de mon amie Malia qui se fend d'un « très bien » alors qu'elle pense tout le contraire. Deuxièmement, cette facilité qu'ont les gens à se présenter comme s'ils relisaient leurs lettres de motivation. Avec, il va sans dire, la même intonation que lorsqu'on lit la notice d'utilisation d'un four micro-onde.

> MALIA : Merci beaucoup, Fanny. Avant de conclure cet entretien, avez-vous une question, un mot à rajouter ou bien un sujet que nous n'aurions pas évoqué durant notre conversation ?
>
> FANNY : Oui, nous n'avons pas abordé la rémunération et je me demandais quelle était la fourchette que votre budget permettait d'allouer pour le salaire de ce poste ?

C'est parti pour le top 3 des erreurs recensées dans une seule et même phrase.

- Ce n'est pas à la recruteuse de donner un montant mais bel et bien à vous. Se vendre, c'est aussi fixer un prix.
- Quelle impolitesse de parler d'argent en fin de discussion. Un job, c'est avant tout une passion. Parler salaire, surtout au terme d'un entretien, c'est comme se décrotter le nez en plein milieu d'un repas romantique. Ça ne se fait pas. Pas avant cinq ans de relation, minimum.

- Si le sujet n'a pas été mis sur la table, c'est bien pour une raison. Il va falloir retourner sur le marché de l'emploi, Fanny. Et ce n'est pas un marché du type « et qu'est-ce que je vous mets d'autre avec ça, ma bonne dame, vous reprendrez bien une botte de radis ? ». Non, là, c'est la Jungle qui t'attend, Fanny.

Et évidemment, la jeune femme est retournée, telle la Mowgli qu'elle est, chercher un autre ours pour l'aider à remonter cette rivière qu'est la vie. Pour ne pas subir le même sort qu'elle, voici un conseil qui vous fera enfin jouer dans la cour des grands, façon Soso Maness dans *Bande Organisée*. Comme je vous le disais plus haut, il ne sert à rien de raconter son parcours. De parler de soi. De répéter des choses déjà maintes fois entendues. Vous voulez faire la différence ? Surprenez votre interlocuteur en abordant des détails de SA vie.

Posez-lui des questions sur son passé. Demandez-lui quels sont ses rêves. Et écoutez. Relancez. Dès qu'il redirige la conversation sur votre C.V., basculez sur un détail de sa vie privée. Parce que, oui, avant de vous rendre sur le lieu de l'entretien, vous avez au préalable épié le quotidien de votre recruteur jusque dans les moindres détails. Nom des enfants, race du chien, marque de la voiture, podcast écouté pendant son jogging dominical et j'en passe.

Vous savez tout. Et ça, ça ne manquera pas de le surprendre. Le savoir est une arme, disait chaque rappeur français entre 1990 et 2010. En même pas dix lignes, je m'apprête à inventer une conversation qui, en comparaison avec la précédente, va clairement détonner ! Mouillez-vous la nuque, ce n'est pas pour les petits joueurs.

RECRUTEUR X : Et vous vous voyez où, dans cinq ans ?

CANDIDAT AYANT LU CE LIVRE : En train de promener votre chien Gaspard après avoir dégusté l'excellent gratin dauphinois de votre femme Delphine un dimanche midi. En arpentant le boulevard Aristide-Briand, juste après la petite supérette dans laquelle vous achetez vos graines de chia, nous rirons de bon cœur, comme des amis, en repensant à cet entretien. Cette marche digestive nous aura creusé l'appétit de nouveau, alors je vous offrirai une glace deux boules noix de coco-mangue, votre préférée. Dans le cône en gaufrettes, évidemment ! Et ; de retour chez vous, nous travaillerons tous les deux sur un dossier tenace pendant que le petit Simon et la petite Louise, qui auront respectivement 14 et 17 ans d'ici là, joueront du violon pour elle et de la clarinette pour lui. C'est bien ça ?

Et vlan. Il en a fait un bond en arrière, le recruteur. Si vous avez bien révisé en amont et que vous n'avez pas commis l'impair de confondre le nom de l'animal domestique avec celui du fils, normalement, ce devrait être le jackpot pour vous, messieurs-dames. Mais attention, ce n'est pas totalement fini ! Vous avez réussi votre entretien, ne manquez surtout pas votre sortie.

Alors qu'il essaie de reprendre ses mots avec la même élocution qu'un garagiste de quartier tentant de justifier la pose d'un nouveau cardan sur une Twingo de 2001, c'est le moment pour vous de vous lever et de partir précipitamment du bureau. Oui, au beau milieu d'une de ses tentatives de phrases. Tout en prétextant que vous avez « quelque chose à faire ».

Non seulement vous installez une aura, un mystère autour de votre personne. Mais en plus, vous sortez votre désormais (c'est acquis) futur N+1 de sa zone de confort. Et c'est peut-être ça, le plus beau cadeau que vous pouviez lui faire ! Avant même de rejoindre son équipe, vous lui êtes déjà indispensable.

Le reste de l'histoire, c'est à vous, et à vous seul, de l'écrire.

Je ne vais pas non plus vous apprendre à signer et à parapher un contrat de travail avec vos initiales.

Faut-il faire des enfants ?

Vous saviez que, à la naissance d'un enfant, vous aviez trois mois pour décider de l'élever ou de le confier aux services sociaux ? Ça fait quand même près de quatre-vingt-neuf jours de réflexion. Premier CDI, première période d'essai. Normal. Curieux que vous êtes, vous vous demandez probablement si un entrepreneur à succès comme moi a un enfant. Ce qui vous semble d'ailleurs incompatible avec la réussite, n'est-ce pas ? Et pourtant, oui, j'en ai un ! C'est comme lorsque l'on acquiert son premier MacBook Pro. Le premier, ça change la vie.

Laissez-moi vous narrer ce que les gens appellent « le plus beau jour de [leur] vie » (l'accouchement, pas la conception). Je vais volontairement taire le nom de ma compagne pour ne pas qu'elle puisse tomber sur ce livre et se dire que je suis un artiste/écrivain/socialiste. Je ne vais en revanche pas cacher qu'elle a été enceinte jusqu'aux cils et que, pendant cette période, la position de la tortue n'était pas pour elle une défense de l'armée romaine, mais bel et bien un danger réel, tant elle avait du mal à se retourner une fois sur le dos.

Il est 23 h 30 lorsqu'elle m'interrompt pendant un *confcall mandatory* avec les USA. J'essaie de l'ignorer, mais ses cris me ramènent à sa douleur. Ses contractions se font de plus en plus fréquentes et il faut agir. J'enfile donc ma blouse de chimie retrouvée dans un vieux placard de chez mes parents et me prépare à accueillir comme il se doit ce nouveau talent dans ma micro-entreprise. Mais madame ne veut rien savoir et me prie de bien vouloir la conduire à l'hôpital. Cette idée me gêne beaucoup ; ce n'est pas très *self-made man* dans l'esprit. Mais bon, comme ses cris sont de plus en plus intenses, je me plie à sa fantasque volonté. Me voilà donc au volant de mon bolide. J'essaie de prendre chaque ralentissement le plus doucement possible pour limiter les impacts. Je déteste mon frère, mais il faut bien avouer que sa science théorique et pratique de l'utilisation du bas de caisse nous est bien utile ce soir-là.

Une fois arrivés aux urgences, nous sommes dirigés vers une salle dans laquelle ma concubine subit une palanquée de tests. Je ne sais plus trop si elle s'apprête à donner la vie ou si Iron Man cherche une remplaçante. Des fils de partout, des bips à la chaîne et des *datas* que je m'empresse de rentrer dans un fichier Excel sur mon *laptop*, que je n'ai bien évidemment pas oublié d'emporter avec moi dans l'euphorie du départ vers l'hôpital.

La nuit tombe. Cet enfant serait-il en retard ? Serait-ce bien le mien ? J'ai toujours fait de la ponctualité une de mes plus grandes valeurs et je compte bien la transmettre à ce petit garnement. Enfin, dès que je serai en mesure de le voir autrement que par une échographie en 3D qui, soit dit en passant, fait ressembler chaque bébé à un exemplaire miniature de statue Moaï. Je reprends mon *call* dans la chambre de la maternité pendant que ma douce tente de trouver le sommeil. Je l'excuse, il paraît que ça fatigue énormément. Pour moi, ce sera enchaînement de visio et *inputs* très importants de San Francisco. Pour elle, ce sera hurlements, épuisement au milieu de la nuit et un réveil en fanfare à 9 h 14 très exactement. On dirait que l'enfant a décidé d'enfin se rendre au rendez-vous que nous lui avions fixé avec sa mère neuf mois plus tôt.

Les sage-femmes arrivent et la poussée commence. Je décide alors de fermer les yeux. De faire abstraction du vacarme dans la pièce. De laisser ma peau se teindre d'une couleur oscillant entre le blanc et le vert. Et de me laisser tomber en arrière, sans me retenir, afin de m'assoupir d'un coup d'un seul pendant dix-sept minutes environ. Réveillé grâce aux petites gifles administrées par l'un des membres du personnel soignant, je fais la rencontre de mon fils. Je découvre à la fois son visage et son sexe. Précurseur, je ne voulais pas genrer le fœtus et risquer de le courroucer pendant sa brasse dans le liquide amniotique de ma petite amie.

Ce jour-là, je retombe amoureux de ma femme une deuxième fois. Pas parce qu'elle devient mère. Non, ça, c'est trop commun. En revanche, la façon avec laquelle elle envoie une tempête de coups de pression à ses N-1 par mail, demandant où sont les documents qu'elle leur avait demandés deux heures auparavant, me donne envie de lui dire « je t'aime ». Parfaite, elle surligne en gras quelques mots importants de son ogive écrite. En ajoutant qu'elle est déçue de devoir gérer tout ça depuis la maternité, le stress généré par cette attente pouvant mettre sa vie en danger ainsi que celle du nouveau bébé. Tout ça depuis son petit téléphone portable. Et en se faisant recoudre ! *What a woman!* Mon fils, tu vas grandir managé par la plus belle et la plus inspirante de toutes les patronnes que je connais. T'es un petit chanceux, toi. J'aimerais bien te prendre dans mes bras, mais là, ton crâne ressemble à une aubergine, tant par la forme que par la couleur.

Le prénom de ce petit bonhomme ? C'est un secret que je me garderai bien de révéler. Mais disons que plusieurs très grands patrons français se nomment ainsi. Voilà, je pense que vous avez deviné. En attendant, à peine âgé de 13 minutes, il se colle à sa mère. Et elle n'a d'yeux que pour lui. Heho, coco. J'ai moi-même été un jeune requin avec les dents qui rayent le parquet, prêt à faire tomber l'ancienne génération de son piédestal. Alors, t'es bien mignon et ton petit nez est vraiment à croquer mais j'étais là avant toi et les places coûtent cher en ce bas monde.

C'est dingue de ne savoir absolument rien faire et d'autant attirer l'attention. J'en ai connu, des planqués, mais alors lui… La seule fonction qu'il peut remplir, à la limite, c'est celle de radio-réveil. Il « sonne » en moyenne toutes les trois heures. Et puis, il n'a qu'une seule chanson, assez conceptuelle, faite de pleurs ininterrompus pendant quatre ou cinq minutes. Un sacré *single*. Ça fait longtemps que je n'ai pas regardé le classement « Viral 50 : France » de chez Spotify, mais je suis persuadé que le tube de mon fils n'est pas venu s'intercaler entre le dernier de Vianney (quel homme sympathique) et un titre du nouvel album gratuit de Jul (le plus grand chanteur français, si j'en crois le SNEP).

Abordons le sujet, si vous le voulez bien, des congés parentaux. Du temps de mon père, ça n'existait pas. Au moins, c'est clair. Moi, j'ai eu droit à deux semaines (bien sûr refusées). Désormais, les papas ont le droit à un mois complet. Et pourquoi pas un an, aussi ? Ou dix-huit, tant qu'on y est ? Comme ça, on est sûr et certain d'avoir surveillé toute l'enfance de notre gamin. Pendant que vous vous occupez de tout faire pour que votre progéniture grandisse bien, moi, je garde un œil sur une autre croissance : celle de mon pays. Eh oui, désolé ! Mais ce n'est pas à grands coups de dosettes de lait en poudre ou d'expulsion du méconium que l'on va résorber la courbe du chômage en France.

Grâce à mon statut de père, je suis désormais en mesure de vous décrire grossièrement l'impact que représente l'arrivée d'un jeune être humain sur votre carrière professionnelle.

Un bébé, c'est quadrivore ; ça ne bouffe que quatre choses. Du lait, de l'énergie, du temps et de l'argent. Mais (parce qu'il y a un « mais ») être parent, c'est être gagnant sur tous les tableaux !

Déjà, ne serait-ce qu'en expérience. Un chef de projet qui n'a pas d'enfant est un chef de projet de pacotille. On ne parle pas de répondre aux mails du client qui se plaint de ne pas avoir reçu la V2 de votre appel d'offre avant 18 heures. Non, là, on est sur un autre degré de compétence. Comment pouvez-vous imaginer être *multitasks* si vous n'avez pas la vie de quelqu'un entre les mains ? En vérité, un projet, c'est exactement comme un poupon. Ça réhausse d'emblée tous vos standards de rigueur et d'organisation, à la seule différence que cela n'affecte pas l'intégrité de vos narines.

Et je ne parle pas du temps libre ! Bien que je sois moi-même le premier à répondre présent à n'importe quel *meeting* auquel on me convie, je reconnais que la réunionite est un mal de notre génération. Au fond, le petit syndicaliste qui sommeille en nous aimerait *skipper* certaines réunions *boring* pour se concentrer sur le *kill* de sa *to-do list*, n'est-ce pas ? Eh bien, grâce à la présence d'un enfant, vous pouvez prétexter absolument tout et n'importe quoi pour vous éclipser, presque sous les applaudissements de vos collègues. Fièvre, diarrhée, oreillons, érythème… Et que ce soit pour lui ou pour la nourrice ! C'est absolument formidable. On dirait un *cheat code* dans GTA.

Et les nuits, dans tout ça ? Mais il n'y a pas mieux ! Un réveil toutes les cent trente minutes augmente la productivité de près de 16 % selon des études américaines. C'est un secret de Polichinelle : les huit heures de sommeil par jour sont une invention de gauche. C'était un pan de leur trilogie des trois-huit. Les trois-huit par semaine, oui (et pan, prends ça dans le buffet, Vincent Auriol) ! Désormais, les nuits ne sont plus une excuse pour vous déconnecter de Slack et votre temps de travail s'en retrouve quasiment doublé ! Merci bébé !

Je suis tombé récemment sur un reportage à propos de familles nombreuses. Onze enfants, avec un père qui gagnait très bien sa vie. Si certains esprits faibles pensent que c'est justement parce qu'il est aisé financièrement qu'il a pu se permettre d'avoir autant d'héritiers, je leur répondrai qu'ils font erreur. C'est le contraire ! C'est justement parce qu'il a beaucoup de bambins qu'il a su développer des qualités et des aptitudes extraordinaires, récompensées par un salaire très important. Cette émission m'a donné envie d'avoir, moi aussi, beaucoup d'enfants. Et de visiter Montfort-l'Amaury, ça a l'air super sympa, ce coin des Yvelines !

Si un jour, mon fils, tu lis ces quelques mots, sache que Papa était un formidable *winner* et que, si tu ne fais pas aussi bien, tu peux arrêter de t'accrocher aux jupons de ta nourrice et aller directement à la mairie demander un changement de patronyme. ASAP. À ta dispo, ton papa qui t'aime.

Comment bien *dater* ?

Bon, déjà, si vous avez lu « da-té » et pas « dayyyté », merci de vite fermer ce livre et de retourner écouter l'ORTF ou toute autre radio aux couleurs communistes. Vive le franglais !

Déjà, d'une parce que, à l'image des Air Jordan, c'est une langue toujours aussi populaire malgré son appartenance à l'élite depuis trente ans. Et de deux parce que, toujours pour une question de sacro-sainte rentabilité, en parlant le franglais, on touche plus de monde qu'en misant uniquement sur la francophonie.

C'est dingue que personne n'y ait *think before*. Breeeef.

Avec toutes ces histoires que je vous raconte, je commence à apprécier ce rôle de modèle que vous m'attribuez. Plutôt qu'une théorie simple qui ferait de moi le professeur que je ne suis pas, je vais donc vous offrir ce que vous attendez de moi : un exemple par la pratique. Pour toute autre demande, venez dm @walterlaouadi sur Instagram.

J'ai effectué un stage en 2010 dans une entreprise un peu particulière et j'y ai rencontré une personne incroyable. La bienséance voudrait que j'en taise le nom. Mais disons que c'était dans un très très grand parc d'attractions situé au bout du RER A.

J'étais au marketing, chargé de réfléchir à l'augmentation du prix des ballons gonflés à l'hélium. Vous l'ignorez sans doute, mais l'hélium est un gaz dont le prix augmente en permanence !

On travaille d'arrache-pied pour faire plaisir à vos gosses, alors arrêtez de faire vos pinces quand il s'agit de lâcher 9 euros pour un objet gonflable qui ira illuminer le ciel d'Île-de-France avant de partir dans la stratosphère faire coucou à Thomas Pesquet.

(D'ici la parution de ce livre, je prie pour que monsieur Génial Pesquet ne soit pas mouillé dans une sombre affaire, même si, dans mon for intérieur, je l'espère un peu, parce que la gloire de cet homme développe chez moi et chez tous les entrepreneurs un peu de jalousie, voire de haine. Quel risque a-t-il pris dans sa vie, lui ? Être fort en maths et en physique, c'est bien, mais est-ce qu'on l'a déjà vu remplir un Google Slides, ce mec ? J'ai pu voir une vidéo YouTube qui le présente comme quelqu'un de très, très, très louche. Selon la voix off, on n'a jamais vu l'astronaute en train de manger. Un peu comme certains animaux à sang froid. Serait-il réellement humain ? À vérifier. Je me le note dans ma *to-do*.)

Donc ! Me voilà à la cantine d'entreprise et j'entends à ma gauche un : « Tu vas la finir, ta merguez ? » Elle, c'est Hélène. Ou plutôt Hell-N, comme elle l'écrit en guise de pseudo Facebook. Oui, chers lecteurs, nous sommes en 2010. Une année symbolisée par l'arrivée de la Swedish House Mafia sur la scène internationale, et par la partition extraordinaire livrée par l'équipe de France à la Coupe du monde en Afrique du Sud. Insulter son N+1 et faire grève : ce n'est pas la meilleure manière de casser les idées reçues sur les employés français, mais bref.

Hélène, elle est comédienne. Enfin, danseuse. Enfin, c'est elle qui enfile le louuuuurd costume d'un personnage de type rongeur féminin cisgenre pendant les spectacles.

En plein soleil estival, Hélène peut perdre jusqu'à un kilo par heure sous le poids de son accoutrement, constitué principalement de laine et de cordes. Alors, forcément, quand arrive l'heure du couscous Sodexo, elle a du mal à ne pas lorgner sur les assiettes à moitié vides de ses voisins.

Chance pour elle : ce jour-là, j'avais emmené mes sandwiches triangles préférés (cheddar, jambon, sauce Cocktail) et j'avais une quantité de protéines suffisante pour tenir toute la journée. Je lui ai donc fait cadeau de mon hachis de viande de bœuf et de mouton (j'espère) roulé dans un boyau sur environ deux centimètres de large et douze centimètres de long (si jamais vous avez pensé à autre chose que de la nourriture, vous avez 97 % de chances d'avoir fait *a minima* une première année en école de commerce).

19 h 30, ma voiture ayant été empruntée par mon en***ré de frère, je suis obligé de prendre le réseau express régional pour retourner chez moi. Hasard

du destin, qui vois-je dans le wagon me ramenant sur la capitale ? Oui, lecteurs, vous l'avez deviné, et votre capacité d'anticipation vous honore et m'épate. (Il s'agit d'Hélène, pour ceux du fond.)

Elle me regarde, puis me reconnaît. « Ah, mais c'est toi le gadjo qui m'a donné à bouffer ce midi ? » Coucou, oui, c'est moi. Petit retour en 2022 ; si vous vous en tenez au terme « gadjo » pour vous faire un portrait-robot d'Hélène, vous utilisez des préjugés et c'est quasiment interdit. C'est presque aussi grave que frapper un chat sur Snapchat en riant, avec ce bruit si particulier et absolument inauthentique qu'est le « krkrkrkr ».

Retour en 2010. Hélène a, au niveau de la nuque, les cheveux un peu plus longs que sur les côtés et une mini-mini-frange. Elle porte un débardeur probablement hommage à Frankenstein, tant il semble être constitué de plusieurs fragments d'autres débardeurs. Son pantalon baggy, dont elle écrase les ourlets sous le poids de ses Vans à damier, est solidement retenu à la taille grâce à une ceinture que l'on croirait piquée à un siège de chez Vueling. Son sac en bandoulière, nonchalamment porté et orné de l'inscription « *No War* », vient épouser la forme de sa cuisse. Elle sourit et ses gencives sont plus proéminentes que la moyenne. Oui, Hélène est d'origine espagnole. Le tatouage antifa que je distingue sur son épaule ne contredit pas le personnage. Elle s'avance, se place sur le siège à côté de moi et pose ses pieds sur celui qui lui fait face (ce qui est répréhensible par la loi, dois-je le rappeler pour tous les gentils membres de l'ASVP qui me lisent.).

Nous discutons. Je me présente et elle s'en fout un peu. Je suis dégoûté, j'étais à l'époque en école de commerce et je pensais vraiment savoir *pitcher* ma vie de façon intéressante. J'aurais dû me douter que l'intervenant pour le cours « *Self introduction and Pitch optimization* » n'était pas le plus à même de nous former quand, au bout de vingt-cinq minutes, on n'avait toujours pas compris qui il était, ni ce qu'il faisait dans la vie (*nota bene* : si votre école fait venir ses anciens élèves comme intervenants, vous pouvez directement retourner sur Parcoursup ou autre plateforme mise en place par le ministère de l'Éducation pour tenter de vous trouver une formation qui vaille la peine).

Alors que je commençais à lui parler de mes études secondaires, la belle Hélène m'interrompt : « Viens ce soir, je vais voir un pote jouer dans un rade à Bastille. Ce serait cool qu'on prenne un verre là-bas. » J'ai 20 ans. Donc, évidemment, dès que quelqu'un me propose un verre, j'accepte. Douze ans plus tard, quand quelqu'un me parle de la possibilité de l'éventualité d'un probable apéro, je ressors un autotest positif de ma table de chevet et envoie directement la photo de ce précieux grigri dans la conversation WhatsApp correspondante.

21 h 30. J'arrive sur les lieux du rendez-vous. Hell-N n'est pas là. Première surprise. Deuxième surprise : il existe encore des concerts de ska en Europe occidentale après 1985. Troisième et dernière surprise pour cette première minute dans ce lieu de perdition : la marijuana ne semble pas interdite partout en France. Je vais couper court à votre questionnement interne : oui, j'ai déjà fumé de l'herbe. Je sortais d'un cours d'arts plastiques. Au collège. En troisième, si je me souviens bien. Madame Guibert venait de classer nos collages « du plus beau au plus laid », selon ses termes. Elle était dure, madame Guibert. Une fois, elle nous a quand même présenté une peinture de Hitler, réalisée alors qu'il était aux Beaux-Arts de Vienne, en disant : « Ça se voit que c'est la peinture d'une sombre merde. Je lui aurais mis deux claques dans sa gueule, il aurait pas fait long feu. » L'histoire en aurait été toute différente. Ou pas. Ou pire.

Au sortir de son cours, Paul, dit « Zobinet » (parce que, une fois, il avait réussi à se coincer le pénis dans un tuyau de robinetterie en CM2) me tend un deux-feuilles. Je le refuse poliment. Il me dit que je ne suis pas « cool, *man* ». Venant de lui, ça ne me fait ni chaud ni froid. Son père est facteur, ils n'ont aucun avenir dans cette famille. Mais comme il insiste lourdement et que, après tout, je suis un homme de défis, j'accepte. Dix minutes plus tard, je m'évapore.

LUI : *Walter, ça va ?*
MOI : *Qu'est-ce qu'il m'arrive, Zobi ?*
LUI : *Laisse-toi partir, man. C'est chill.*

Heureusement, il sort un didjeridoo et commence à jouer sur le parvis du collège. La vue de son sarouel couplée au bruit vrombissant de l'instrument de musique me fait tout de suite reprendre mes esprits. Au moment de ma redescente sur terre, quelle horreur de me rendre compte que j'ai un djembé entre les mains ! C'est dingue, cette drogue. En deux ou trois taffes, t'as vite fait de te transformer en communiste option ZAD.

Retour à Bastille. Hélène arrive, mais elle n'est pas seule. Laissez-moi vous présenter Lincoln. Contrairement à ce que son nom pourrait laisser penser, Lincoln n'est pas un jeune franco-américain à la voix suave et au *groove* indéniable. Non, Lincoln, c'est ce petit rat qu'elle arbore sur son épaule. C'est marrant parce que, deux cents ans plus tôt, j'aurais été obligé de la dénoncer pour sorcellerie, alors que là, ce serait presque de la maltraitance envers les animaux si je ne caressais pas son petit museau (celui de Lincoln, hein). Donc je m'exécute. En me promettant d'aller me passer les doigts sous la flamme brûlante d'un bec Bunsen demain matin.

Je ne sais pas ce que je fous là, ni même ce qui m'attire chez elle. Car, oui, si je suis dans ce bar, c'est parce que j'ai une petite idée derrière la tête.

J'ai pensé à elle toute l'après-midi, je ne sais pas pourquoi. Je pense que c'est l'inconnu, la curiosité pour ce qui m'est diamétralement opposé. Avec Hélène, je m'imagine déjà faire des trucs de dingue. L'embrasser en poirier ou aller à la fête de l'Huma. Le problème, dans une relation, c'est qu'il faut être deux. En mode *team spirit* réduit, mais importantissime si on veut viser les sommets. Surtout au début. Et dans notre cas, ça tombe bien, on a vachement envie d'être deux. Moi avec elle. Et elle avec Gonzalo, le batteur du groupe argentin qui jouait ce soir. Très envie, puisque, au bout de très exactement quatre minutes et vingt-deux secondes, ils sont en train de s'embrasser tellement passionnément que je tourne moi-même la langue dans ma bouche.

Mais bon, je me calme rapidement quand Manuel, le frère de Gonzalo, vient me demander de quitter les lieux. Sous prétexte que j'ai l'air d'un mec de droite et que, pour les gens de droite, c'est ambiance « *no pasaran* ». Je savais que je n'aurais pas dû venir au rendez-vous en costume trois-pièces mais, que voulez-vous, j'ai voulu impressionner. Je décline la requête de mon interlocuteur, avançant l'argument des Droits de l'homme et du citoyen qui me permettent de me trouver ici.

Manuel n'est pas très sensible à cet argument, comme en témoigne le crochet qu'il m'administre dans la tempe. Mon corps se détend à la manière des ressorts magiques qu'on avait quand on était petits. Je finis ma chute sur une des chaises du bar et je perçois mon opposant, cent treize kilos et une forêt de poils sur chaque avant-bras, fondre sur moi, très motivé pour me répéter ce que j'avais déjà compris. Dans le théâtre traditionnel, il existe un phénomène appelé *Deus ex machina*. C'est une ficelle scénaristique qui permet l'intervention d'une divinité pour sauver la vie des protagonistes. Eh bien, la vie n'est pas une fiction, puisque Manu (je pense pouvoir me permettre une certaine intimité tant on est physiquement proches à ce moment précis de ma vie) se jette sur moi et me plaque sa chevalière à plusieurs reprises dans le cartilage nasal. Je n'en demandais vraiment pas tant, surtout que je déteste la joaillerie de bas étage. Le patron du bar arrive enfin pour m'extraire de ce bourbier, mais quarante secondes trop tard. Manu se jette, hilare, dans les bras de son frère, qui lui tape dans la main, tout en continuant d'embrasser Hélène. Celle pour qui j'étais là ce soir.

Comment je vais expliquer au boulot que j'ai voulu draguer Minnie pour finalement me faire défoncer par son beau-frère ? Je ne suis pas vraiment sûr que la RH va y croire, à celle-là. Je n'ai jamais eu un retard, ni pris un jour *off* de ma vie, ce n'est pas maintenant que ça va commencer. Pourtant, mon nez sifflote comme un grand patron en attente de l'ouverture de son parachute doré. Mon angoisse quant aux réactions de mes collègues lors du petit déjeuner de demain s'évapore rapidement quand Hélène s'approche de moi. Son sourire plein de dents m'illumine et m'apaise instantanément. Ses paroles sont douces et la vérité qui s'en dégage est implacable :

HÉLÈNE : Han !

MOI : ...

HÉLÈNE : Tu t'es fait marav bien comme il faut !

100 % juste.

HÉLÈNE : Le patron du bar a appelé les pompiers. Ce serait bien que tu sortes d'ici pour pas nous foutre dans la merde. J'voudrais bien t'accompagner, mais en fait, la flemme et en plus, Gonzalo veut m'apprendre à jouer de la batterie, là. Tu peux garder Lincoln ce soir ? Et les jours d'après aussi, stp ?

Faut pas pousser, non plus, L-N.

MOI : Oui, O.K., pas de problème !

Quarante-cinq minutes plus tard, Lincoln et moi en avons marre d'attendre les pompiers et commençons à emprunter les rues qui me ramènent chez moi. Mon cerveau bouillonne. Je vais devoir, en plus, prévenir Mickey que je ramène son cousin au boulot demain matin. Je connais le règlement intérieur par cœur, certes, il y a une zone grise au sujet des animaux, mais je ne suis pas sûr qu'ils soient très chauds pour un spectacle en *live* du cousin de *Ratatouille* dans un endroit peuplé d'enfants.

En remontant les arrondissements un par un, je me promets de faire tout ce qui est en mon pouvoir pour faire fermer cet établissement. À l'époque, malheureusement, les avis Google n'existent pas encore, je me contente donc d'appeler la police. Moins efficace, mais ça fera quand même l'affaire. Je pense même à prendre des cours d'arts martiaux pour venir me défouler sur le premier frère de musicien d'origine latino-américaine que je croise. Si je devais écrire un film, il s'intitulerait *La Vengeance* (à vérifier si déjà déposé). Vraiment, je fulmine. J'ai envie de tout casser. J'ai presque envie d'arrêter de travailler juste pour pouv...

« Hey. Sympa, le rat ! » Une douce voix m'apostrophe, me coupant net dans mes réflexions emplies de colère.

Cette nuit-là, au détour d'un coin de rue, une jeune femme s'est penchée sur mes blessures et a su les guérir. Nous avons sympathisé. Elle ne m'a pas demandé ce qu'il m'était arrivé. Nous avons simplement échangé. Pour de vrai. Nous avons passé la nuit ensemble. Elle, moi et Lincoln. À refaire le monde. À parler de bourse japonaise qui s'effondre. De la crise économique traversée par le Canada. Du PIB sénégalais. De sa comparaison avec celui du Nigeria, ancien poumon de l'Afrique. Elle m'a présenté son organigramme, je lui ai décrit le mien. En quelques heures, elle m'a raconté toute sa vie. Et je l'ai écoutée. Sans discontinuer. Sans l'interrompre. Sans penser à rien d'autre que de profiter du temps qui se suspend au fur et à mesure que nos mots s'entrelacent. Le soleil s'est finalement levé sur nos belles paroles. Comme s'il désirait lui aussi faire partie de la discussion. Discrètement, Lincoln s'était endormi. Mais ça ne la dérangeait pas. Elle avait toujours rêvé de posséder un petit rongeur. Ça lui rappelait Ginger, le cochon d'Inde qu'elle avait quand elle était plus jeune et dont elle s'occupait avec son père. Je suis reparti de chez elle avec la promesse de la revoir le soir même. Malgré mon nez désormais épaté, je sentais que nous allions vivre une belle histoire ensemble. Je n'avais jamais eu le cœur aussi léger. J'allai tout heureux au travail ce matin-là. Et, pour une fois, j'étais presque pressé d'en repartir.

Un bon *date* commence parfois très mal. Mais il suffit d'une bonne dose de résilience (et d'un raton au nom de président américain) pour que la soirée se décante et devienne inoubliable.

Fallait-il vraiment acheter ce livre ?

Ah ! On rigole, on rigole, mais c'est à la fin du bal que l'on paye les musiciens ! Proverbe auquel j'ajouterais « sauf s'ils ont été mauvais » ! Parce que le quatuor qui me massacre *Just Around The Corner* de Cock Robin, il peut attendre loooongtemps son petit chèque à la fin de la *party*. Sachez, chers lecteurs que je m'apprête à quitter dans quelques strophes, que j'adore Cock Robin, bien que le nom de ce groupe soit victime des quolibets de petits malins à l'humour *very* grivois.

Actuellement, je me sens comme à l'époque des entretiens individuels ; un stress me bloque la poitrine. C'est l'heure fatidique. Oui, je me soumets à votre jugement. Et je kiffe ça, comme diraient les jeunes qui ne le sont plus depuis quinze ans. J'apprécie vraiment l'excitation que provoque l'attente d'un avis que quelqu'un va porter sur mon travail. Par quelqu'un qui ne le fait pas, en plus ! C'est toute l'ironie de la chose !

C'est comme si, dans *The Voice*, le grandissime Florent Pagny (puisse son cancer ne pas endommager ses sublimes cordes vocales) était remplacé par le fantasque Stéphane Plaza. Ou que, dans *Top Chef*, on enlevait le belliqueux Philippe Etchebest pour y mettre le débrouillard Philippe Croizon. Ou encore, qu'un plateau d'humour était jugé par Nicolas Canteloup (seul imitateur pour lequel on doit afficher le visage de la personne singée pour comprendre de qui il s'agit, tout de même.

À quand les ventriloques dont on voit les lèvres qui bougent ?), voire que la cérémonie des Césars était présidée par Richard Berry. Comme vous pouvez le constater, les exemples sont légion.

J'adore ce moment où j'essaie de percevoir dans le regard de mon N+1 si ce qu'il va me dire est positif ou négatif. Comme un boxeur s'apprêtant à rentrer dans le ring, je tente d'intimider mon adversaire. Je veux lui montrer combien j'ai confiance en moi. Même si, intérieurement, je me liquéfie. Je parcours les quelques mètres qui me séparent de son bureau de manière un peu téméraire, mais aussi déterminée. Prêt à donner des coups d'épaule à quiconque s'avance sur mon chemin. À la manière du chanteur de The Verve dans le clip de *Bitter Sweet Symphony*. Mais sans la dégaine de toxicomane en rechute.

Parlons français ! Ces quelques euros investis dans la lecture de mes conseils de vie en valaient-ils la peine ? Eh bien... ça dépend combien vous avez payé ! Si c'est plein pot à la sortie, alors, oui. D'ailleurs, si vous me parcourez sur votre Kindle, vous faites en plus le bonheur des écologistes. Quand on pense qu'on déforeste l'équivalent d'un terrain de foot par heure en Amazonie et que les Brésiliens sont quand même quintuples champions du monde, ça force le respect et ça en dit long sur la résilience du peuple auriverde.

Je ne suis pas un béni-oui-oui. Je sais très bien que beaucoup réussiront à voler ce livre. D'une part, parce que, malgré mes injonctions, ma maison d'édition refuse d'orner cet objet d'un antivol. J'ai beau leur rappeler que, désormais, certaines grandes surfaces font de même avec les steaks hachés, ça ne passe pas. Mes mots contiennent pourtant énormément de *food for thought*, autrement plus nutritif pour l'ambition que de la viande reconstituée. D'autre part, parce que la communauté qui lit ce livre est constituée de *sharks*. Pas de *baby sharks*, mais de *big sharks*. Comme le squale détectant la moindre goutte de sang dans l'océan, les walteristes flairent la moindre *one chance, one opportunity* pour s'enrichir. Dérober cet ouvrage est une occasion comme une autre d'accéder à des connaissances ultimes. Et la fin justifie les moyens. D'ailleurs, je rappelle qu'un vol est beaucoup mieux perçu aux yeux du grand public lorsqu'on utilise le terme d'« optimisation ». Cela donne un petit côté matheux malin – côté à ne pas trop exagérer sous peine de porter les mêmes cravates que Cédric Villani et d'avoir envie de faire n'importe quoi, comme devenir maire de Paris. S'il était si fort que ça en statistiques, il aurait bien vu qu'il n'avait aucune chance... Bref, encore un qui ne sait pas utiliser correctement les capacités de sa Casio fx-92+.

Soyons réalistes : de nos jours, hormis le livre que vous tenez dans les mains, il n'y a vraiment pas beaucoup d'occasions de rafler autant la mise en dépensant si peu. Les paris sportifs, peut-être. Et encore, il faut *cash out* l'Espagne vainqueur à la mi-temps contre la Nouvelle-Zélande. Au rugby. Vraiment, j'ai beau me pencher sur le sujet, je ne vois pas dans quel autre bouquin vous disposeriez d'autant de pépites. Certains le comparent à un Houellebecq. J'accepte avec calme ce rapprochement. Voilà un homme fort talentueux mais qui, malheureusement, jouit d'une créativité intermittente : puissante pour pondre des chefs-d'œuvre, mais insuffisante dès qu'il s'agit de prendre rendez-vous chez le coiffeur.

D'autres le rangeraient volontiers sur la même étagère que *1984* de George Orwell. On a beau dire ce que l'on veut, en dehors de l'intrigue amoureuse absolument plate, il y a plein de choses assez intéressantes dans ce bouquin. L'humour d'abord. On sent bien que tout cela n'est qu'une farce, un peu longuette, certes, mais farce tout de même. Mais il y a surtout la novlangue. Moi, j'y ai adhéré à 200 %, dès ma première lecture. J'adore raccourcir les mots, les mélanger. Quand je parle avec mon fils, je n'utilise que des mots de trois syllabes maximum. C'est *straight to the point* et il n'est pas encombré de fioritures éducatives.

> Bois ton biberon, s'il te plaît = Bwalé.

> Tu peux remettre ça à sa place, mon cœur ? = Ranjeça.

Ça marche aussi avec mes collaborateurs, pour ne plus perdre du temps à envoyer des longs mails incendiaires que l'on enrobe de formules de politesse. Enola Gay n'a pas été emballé dans un papier cadeau de la Grande Récré, que je sache.

> Auriez-vous l'amabilité de = Féleuvit

> J'espère que c'est la dernière fois que j'aurai à te le rappeler, j'en ai plus que marre de bosser avec un flemmard dans ton genre = Adispo.

Simple et efficace.

Pour moi, le seul manuscrit qui peut s'asseoir à la table de mon ouvrage, c'est l'*Almanach des Sports 1950-2000* de *Retour vers le futur*. Vous avez vous aussi en main toutes les clés pour devenir plus riche dès demain. En passant, avez-vous saisi la morale de ce film ? Pour accomplir vos rêves, il faut parfois recevoir un petit coup de pouce du destin. Et ne pas laisser votre mère tomber amoureuse de vous. Si c'est évident pour beaucoup, il suffit d'ouvrir les pages « Faits divers » de n'importe quelle PQR pour comprendre que ça ne l'est pas pour tout le monde. Tant que l'on y est, et avant que l'on n'y soit plus, vous vous demandez peut-être si, à l'instar de la saga de Robert Zemeckis, ce manifeste connaîtra lui aussi une suite, voire deux. La réponse est : *maybe*.

D'un côté, l'argent que je gagnerai avec ce livre me permettra de *scaler* un peu plus ma vie personnelle et de commander encore plus de Deliveroo que d'habitude. Mais de l'autre, pendant que j'écris mes *useful advice*, je ne travaille pas. Enfin, qu'à moitié. Car le bon Dieu m'a doté d'un strabisme divergent que j'ai bien évidemment réussi à maîtriser avec le temps. De fait, je peux garder un œil sur mon texte et l'autre sur mes mails. Ne paniquez pas si un jour on fait une visioconférence. Non, je n'ai pas installé un filtre Fisheye, c'est juste mon visage.

D'ailleurs, imaginons qu'un jour nous soyons amenés à collaborer (signification de 2022, pas celle de 1942) ensemble, vous qui lisez ce livre et moi. Je me retrouve par conséquent face à quelqu'un qui connaît désormais tous mes *katas*. Quelle posture de Sensei vais-je adopter ? La réponse ne va pas vous surprendre : je serai un travailleur. Je vais me sentir obligé de vous prouver que j'ai encore plus d'un tour dans mon sac, tel un Sylvain Mirouf *new génération*. Et ça, c'est 100 % bénef pour moi. Je progresse grâce à vous. Vous qui avez *step up* grâce à moi. Et c'est ainsi que l'on grimpe ensemble vers le sommet (moi devant et vous juste derrière). Si vous ne lisez pas ce livre pour moi, faites-le pour vous ! Et inversement. Voilà, c'est ça, un cercle vertueux. Tout le reste, c'est pour les poètes disparus.

Maintenant que nous avons répondu à toutes ces questions existentielles, c'est l'heure pour moi de vous quitter. Non, cette fois-ci, je ne pars pas pour une autre aventure, je vais simplement retourner travailler. Ce que je vous conseille de faire immédiatement, d'ailleurs. Oh, ne soyez pas tristes car, comme Arnold Schwarzenegger dans *Terminator* ou Manuel Valls sur l'échiquier politique, *I'll be back*. Cherchez le petit Walter qui sommeille en vous et laissez-le s'exprimer. Soyez meilleur que les autres et ne perdez pas une minute de votre si précieuse et si courte vie avec des distractions futiles. Délaissez les obligations sociales qui vous tirent vers le bas. Ne regardez que vers le haut. N'abandonnez jamais vos rêves et restez focus. Toujours. Fixez-vous des objectifs que les autres jugeront surréalistes. Mais que vous, et seulement vous, pourrez atteindre. Ne vous battez pas pour la gloire. Faites-le uniquement pour la fierté. Celle d'être reconnu à votre juste valeur. Et gagnez. Gagnez. Gagnez. Chaque petit jeu, chaque opposition, chaque dossier. Gagnez tout. Bannissez la défaite de votre vocabulaire. N'attendez pas que la vie vous rappelle à l'ordre pour prouver au monde entier que vous avez votre place n'importe où. Vous méritez votre ambition. Cessez d'appeler à l'aide. Soyez votre propre coup de pouce, votre propre moteur. C'est le plus important de tous les messages que je souhaite vous transmettre : n'écoutez pas celles et ceux qui disent que vous êtes incapables de devenir ce que vous voulez être.

Croyez en vous !

Voilà, normalement, avec tout ça, ça devrait le faire.

En attendant le tome 2.

Remerciements

Wow ! C'est un livre ou un Marvel ? Vous pensiez que c'était la fin du film et, surprise : voici un mini-texte post-générique. Ici, pas besoin de teaser sur le prochain super-héros de je-ne-sais quel multiverse. Au passage, c'est quand même fou, ce concept d'univers parallèle. On peut recommencer toutes les histoires à l'infini, en modifiant les traits de n'importe quel personnage. Ne soyez pas étonnés si bientôt Spider-Man est un vieillard qui a peur du vide. Tout est possible dans le multiverse. Un ouvrier qui remporte une élection présidentielle ? C'est possible. Là-bas.

Plus sérieusement, je n'allais pas partir sans remercier celui à qui je dois tout. Eh oui : derrière moi, il y a quelqu'un. Surprenant, hein ? Vous pensiez que j'étais un self-made-man ? Pas tout à fait. Personne ne se fait tout seul. Petite indiscrétion que je vous livre : même moi, j'ai eu besoin de quelqu'un.

Depuis plusieurs décennies désormais, c'est un mentor. Il m'a absolument tout appris. Il a fait du Walter Laouadi que je connaissais plus jeune le Walter Laouadi dont je suis fier aujourd'hui.

Sans lui, je ne serais pas à un tel niveau de confiance en moi. À l'instar d'un prétendant de l'émission *L'Amour est dans le pré*, s'il n'était pas intervenu dans mon quotidien, je ne serais aujourd'hui que gêne et peau grasse.

Il n'était jamais loin quand j'avais besoin de lui. Il a vécu mes premières déceptions, mais aussi mes joies. Il a connu mes premières amoures et m'a soutenu après les ruptures qui les ont suivies. Oui, j'ai eu mal. C'est peut-être pour cela que, plus tard, j'ai adopté le mantra « *No woman, no cry* » (Phrase sublimement chantée par le père de Sharon, Cedella, Ziggy, Stephen, Robert, Rohan, Karen, Stephanie, Julian, Ky-Mani et Damian Marley).

À ce proche que je ne cite pas, je souhaite témoigner toute mon affection. Je lui serai éternellement reconnaissant. Attendez, je me relis et j'ai l'impression que je vous récite un discours digne d'un oscarisé. Encore une phrase et je vais devoir remercier une liste entière de personnes, en commençant par ma mère et en concluant par un producteur-forceur. Tout ça en surveillant du coin de l'œil Will Smith, au cas où l'envie lui viendrait de me bifler avec la paume de sa main. Non, je ne m'abaisserai pas à ce genre de niaiseries. Allons une dernière fois *straight to the point*.

Je ne peux garder ce nom secret. Il faut que je vous le partage. Il faut que je vous le confesse. Sans lui, je ne serais pas moi.

Alors, merci à toi. Toi qui me pousses vers le haut chaque seconde. Toi qui as cru en moi. Toi qui as su me montrer le chemin. Toi qui as su magnifier mes victoires et minorer mes défaites. Toi dont je suis fan. Toi pour qui je donnerais ma vie.

Toi que j'aime. Tout simplement.

Merci à toi : moi.

Dépôt légal : mai 2022
Achevé d'imprimer
par Dupliprint
733, rue Saint-Léonard, 53100 Mayenne
en mai 2022.
N° d'impression : 2973540N

Imprimé en France